国际足联室内五人制足球教练员手册

国际足联 编著

中国足球协会 翻译审定

人民体育出版社

图书在版编目(CIP)数据

国际足联室内五人制足球教练员手册 / 国际足联编著；中国足球协会翻译审定. -北京：人民体育出版社，2013（2018.10.重印）
ISBN 978-7-5009-4496-6

Ⅰ.①国… Ⅱ.①国… ②中… Ⅲ.①足球运动-教练员-手册 Ⅳ.①G843.2-62

中国版本图书馆CIP数据核字（2013）第134554号

*

人民体育出版社出版发行
北京中科印刷有限公司印刷
新 华 书 店 经 销

*

889×1194 16开本 6印张 190千字
2013年9月第1版 2018年10月第3次印刷
印数：8,001—1,0000册

*

ISBN 978-7-5009-4496-6
定价：28.00元

社址：北京市东城区体育馆路8号（天坛公园东门）
电话：67151482（发行部）   邮编：100061
传真：67151483   邮购：67118491
网址：www.sportspublish.cn
（购买本社图书，如遇有缺损页可与邮购部联系）

编 译 委 员 会

译审：

   李飞宇 付玉培 凌鹭辉

译者：

   李飞宇 李 敬

   凌鹭辉 孙 毅

目 录

前 言 5
1 历 史 9
1.1 室内五人制足球的发展历程 10
1.2 国际足联室内五人制足球世界杯 11

2 室内五人制足球的特征 13
2.1 专项特征 14
2.2 比赛规则 15
2.3 开展与推广室内五人制足球的动机 17

3 方法学 19
3.1 室内五人制足球教练员的特点 20
3.2 比赛的准备和指挥 21
3.3 教练员纠正错误 22
3.4 准备一堂训练课 23
3.5 一堂训练课的示例 24
3.6 标识与图示 27

4 技术 29
4.1 传球 30
4.2 控球 32
4.3 带球跑 34
4.4 运球突破对手 36
4.5 射门 38

5	战术	41
5.1	阵型	42
5.2	定位球	54
5.3	比赛的组织	60
6	体能准备	69
6.1	专项素质与要求	70
6.2	身体素质	71
6.3	青少年运动员体能准备特点	74
7	守门员	77
7.1	技术动作	78
7.2	战术行动	83
7.3	体能准备	86
8	年度计划	89
8.1	赛季计划	90
8.2	周计划	93
室内五人制足球专业术语（中英文对照）		95

尊敬的室内五人制足球界的朋友们：

自1989年在荷兰举办国际足联首届室内五人制足球世界杯以来，该项目得到了空前的普及与欢迎。这不仅从室内五人制足球世界杯预选赛不断增加的参赛协会数字上，而且在会员协会设立从本地到大区和全国（地区）范围的竞赛方面都有所反映。

国际足联一直通过提供多种形式的培训和支持项目来推动会员协会在室内五人制足球领域的发展。由此，国际足联在室内五人制足球教练员和讲师的培养方面给予了特别关注，因为是他们在承担技战术启蒙教学的责任，也是他们在负责着公平竞赛精神在室内五人制足球界的传播。

为顺应室内五人制足球近年来迅速发展的需要，国际足联一直在推进教学材料的更新工作。这本手册加上包括多种练习的DVD,是努力工作的例证,本手册将被广泛用于国际足联室内五人制足球教练培训班。

本手册的内容涉及室内五人制足球的发展历史、项目特点、技术和战术主题的简明讲解以及多种练习方法的推介。本书无论对初学者，还是对具有较高水平的球员和教练员来讲，都是一本理想的工具书。

我希望参加培训班的所有学员都能充分珍惜与利用这一宝贵的培训计划，并借助大家的知识和经验为室内五人制足球项目的继续发展作出更大贡献。

为了足球运动，为了世界。

约瑟夫·S.布拉特
国际足联主席

1 历史
History

1.1 室内五人制足球的发展历程

室内五人制足球（Futsal）项目，创建于许多年前。该词源自西班牙语"fútbol"（足球）和"sala"（大厅或房间）的缩写，英语为"indoor football"（室内足球）。该项目在国际足联的绝大多数会员协会中广泛开展。

- 1930年，胡安·卡洛斯·塞里亚尼（Juan Carlos Ceriani），这位来自于蒙得维的亚（乌拉圭首都）的体育教师，发明了一项不受户外天气影响的，可在室内比赛的足球项目。
- 1949年，该项目传入巴西后，巴西人阿斯德鲁瓦尔·多·纳西缅托（Asdrúbal do Nascimiento）起草了第一份室内五人制足球比赛规则。
- 1965年，南美洲室内足球联合会成立。
- 1971年，国际室内五人制足球联合会成立，第一任主席是阿维兰热博士，其后来成为国际足联主席。
- 1982年，国际室内五人制足球联合会举办首届世界锦标赛。
- 1985年，国际足联决定接纳室内五人制足球项目进入世界足球大家庭。
- 1989年，在荷兰举办了第一届国际足联室内五人制足球世界杯。
- 1996年，国际足联公布首批室内五人制足球裁判员名单。
- 2005年，国际足联在西班牙举办了第一期室内五人制足球讲师研讨班。

1.2 国际足联室内五人制足球世界杯

时间（年）	1989	1992	1996	2000	2004	2008
举办国/地区	荷兰	中国香港	西班牙	危地马拉	中国台北	巴西
冠军	巴西	巴西	巴西	西班牙	西班牙	巴西
亚军	荷兰	美国	西班牙	巴西	意大利	西班牙
参赛队数	16	16	16	16	16	20
比赛场次	40	40	40	40	40	56
观众总数	86500	50300	116400	224038	50923	292161
场均观众数	2163	1257	2910	5601	1273	5217
最佳球员	维克特·赫尔曼斯 Victor Hermans（荷兰）	约津霍 Jorginho（巴西）	曼努埃尔·托比亚斯 Manoel Tobias（巴西）	曼努埃尔·托比亚斯 Manoel Tobias（巴西）	法尔考 Falcão（巴西）	法尔考 Falcão（巴西）
最佳射手	拉兹洛·扎萨达伊 Lazslo Zsadanyi（匈牙利）7球	萨义德·拉加彼·施拉兹 Saeid Rajabi Shirazi（伊朗）16球	曼努埃尔·托比亚斯 Manoel Tobias（巴西）14球	曼努埃尔·托比亚斯 Manoel Tobias（巴西）19球	法尔考 Falcão（巴西）13球	普拉 Pula（俄罗斯）16球
总进球数	221	307	290	302	237	387
场均进球数	5.5	7.7	7.3	7.6	5.9	6.9
预选赛队数	本届比赛队为应邀参赛*	23	49	64	86	97

*参加第一届国际足联室内五人制足球世界杯的队伍均来自邀请，不需要参加预选赛。

2 室内五人制足球的特征
The features of futsal

2.1 专项特征

室内五人制足球是足球运动中的一种,该项目特征如下:

- 可在室内或室外进行;
- 球场范围较小;
- 使用较小的球门;
- 球队上场人数少(4名场上队员和1名守门员);
- 使用特殊的球(更小的),弹性降低;
- 所有球员接触球的次数增多,动作快速,有很多的射门;
- 特殊的规则使比赛节奏加快,更有活力,非暴力并且乐在其中;
- 比赛时间为上下半场各20分钟(排除意外中止);
- 不限制换人名额;
- 没有越位。

2.2 比赛规则

球场（规则1）
- 球场表面：光滑的，无磨损的（塑胶场地被国家比赛所允许）；
- 球场规格：长25～42米，宽16～25米；
- 罚球点：距离球门6米；
- 第二罚球点：距离球门10米；
- 球门范围：2米×3米。

比赛用球（规则2）
球没有很好的弹性：球从高2米处落下，其反弹高度应为不高于65厘米或不低于50厘米。

球员人数（规则3）
- 场上5名队员，其中1名为守门员；
- 正式比赛有7名替补球员；
- 一场比赛换人名额没有限制；
- 1名被替换的球员可能变为替补球员；
- 比赛无论是在进行中或成死球时，都可以进行换人调整；
- 如果有球员被罚出场，其球队将以4人继续应战接下来的2分钟，除非对手在这2分钟内取得进球。

裁判（规则5、6）
- 一场比赛设2名裁判员执法；
- 可以设1名第三裁判员和计时员。

比赛时间（规则7）
- 比赛分为上、下两节，分别持续20分钟；
- 比赛出现的各种意外状况将被忽视（时钟将停止）；
- 每节比赛，每支球队有一次1分钟的暂停时间；
- 中场休息时间不超过15分钟；
- 计时器会有一个声音信号来提示每节结束的信号；
- 如果球被踢向球门，裁判员必须等待踢球结束。

越位（规则11）
- 室内五人制足球没有越位。

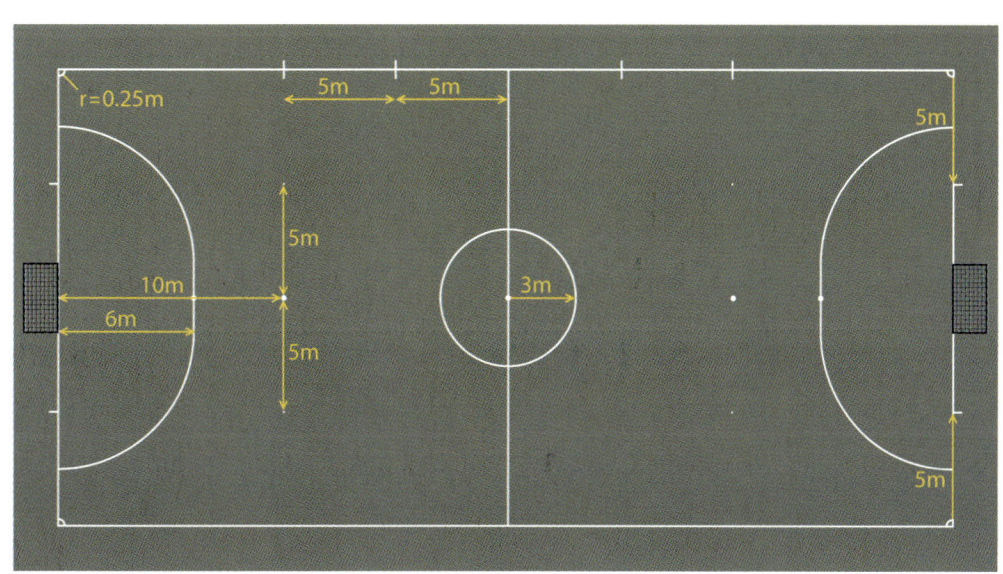

场地尺寸（规则1）

犯规和不当行为（规则12）

犯规和不当行为的规则与11人制足球一样，如果守门员做出以下行为，对方球队将获得一个间接任意球：

- 守门员在本方半场内用手或脚控制球的时间超过4秒；
- 守门员开球给同队球员后，对方球员没有人踢到或触碰到球，同队球员再次将球踢回给守门员使其在本方半场内触球。

任意球（规则13）

- 任意球必须在4秒内开出；
- 对方必须站在距离球5米的位置；
- 当一队在一节时间内犯规满5次（判罚直接任意球），然后从第六次犯规开始，在距离球门10米或更短的区域内踢直接任意球没有人墙；
- 罚球者不得在无人墙时将球传给队友，必须直接射门。

罚球点球（规则14）

- 除了罚球点距离球门6米外，其他规则和11人制足球一样。

界外球（规则15）

- 球只能用脚踢，必须在4秒内踢出；
- 对手必须站在距离球至少5米的地方。

球门球（规则16）

- 当得到球门球时，守门员必须用手掷球的方式将球掷回比赛区域内使比赛继续进行；
- 球门球直接罚进不算得分；
- 守门员掷出球，在球触碰到对方球员之前守门员再次触球（除非球意外地被其他队友触碰到），裁判员将判给对方间接任意球。

角球（规则17）

除了以下内容外，其他规则和11人制足球一样。

- 角球必须在4秒内踢出；
- 对手必须站在距离球至少5米的地方。

2.3 开展与推广室内五人制足球的动机

球员的发展

比赛的特点，比如较少的球员，较小的球场，特殊的用球，替补队员人数不受限制。
- 增加了触球和射门的次数；
- 限制控球和传球的时间及空间；
- 有助于快速反应；
- 有助于形成一个动态的足球系统和位置的轮换；
- 使所有球员参与进来并激发他们的热情；
- 便于准确地传球。

室内五人制足球是发展和提高技术、战术的理解、灵敏性、协调性，以及五人制与11人制球员速度的完美工具。

普及性
- 只需要小型的基础设施；
- 可使用现有的设施（如学校、大学、体育中心等）；
- 开始踢很容易，因为不需要很多球员；
- 由于气候原因或场地空间的缺乏，进行11人制足球比较困难的地区和社区（例如，大城市、独立社区等）可以采用；
- 妇女、小孩（例如，伊斯兰国家）和老年人都可以参加。

新机遇
- 为球员、教练员、裁判员、管理者等提供了新的职业生涯；
- 为会员协会举办符合国际赛事提供了新的机会；
- 为非政府组织、政府机构和赞助商提供了新的机遇。

市场营销，广告和媒体
- 世界上发展最快的运动之一；
- 与足球有关，但又避开了已经饱和的市场；
- 是一项具有吸引力的比赛（很多进球，精妙的技术）；
- 室内比赛的特点使其成为市场营销和广告的新焦点。

11人制足球的补充
- 11人制足球潜在的第一步，在使用较少资源的前提下培养出高质量的球员，并且简化了对很多孩子的指导及教育的发展；
- 扩展了足球的基础：五人制足球吸引了更多的球员和球迷；
- 足球协会活动更加多样化，而且有利于活动的推广，包括室内和室外；
- 国际足联认可的唯一的一项室内足球运动。

3 方法学
Methodology

3.1 室内五人制足球教练员的特点

1. 个性
- 态度积极；
- 为人公正；
- 心胸开阔；
- 目标明确；
- 坚决果断；
- 勇于创新。

2. 能力
- 懂得如何聆听；
- 懂得如何沟通和传达俱乐部的足球理念；
- 懂得如何清晰地表达自己；
- 懂得如何解决争端；
- 善于决策；
- 能够自我批评；
- 懂得如何激励和鼓舞他人；
- 行为楷模（形象仪表、言语、准时、态度）。

3. 知识
- 具备室内五人制足球的技术和战术；
- 生理学的；
- 心理学的；
- 营养学的；
- 急救；
- 组织能力；
- 方法学；
- 对个体队员和整体队伍水平的判断。

4. 坚决摒弃的行为
- 不停地大喊大叫；
- 当着全队的面批评球员；
- 总是关注消极方面（无视积极方面）；
- 长时间的、思路不清的讲解；
- 连续地中断训练课；
- 总是重复同一练习；
- 练习时间过长；
- 坚持既定目标，不论合适与否。

5. 少儿训练和教育的特点

对一名教练员的基本要求
- 掌握少儿队员的身心特点及知识（生长发育阶段）；
- 率先垂范，平易近人；
- 愿意同孩子们打交道，关心他们的要求；
- 能够与家长建立良好的合作关系。

行为规范
- 把重点放在踢球上（通过积极参与学踢球）；
- 欢迎所有的孩子们参加训练（他们的水平不重要）；
- 倡导团结和认同；
- 让孩子们有安全感和受到尊重；
- 帮助孩子们建立信心，鼓励他们；
- 不要把小孩子当作小大人；
- 调整好训练装备和场地的大小；
- 不要总是强调竞技方面，而是让孩子们充分享受比赛的快乐；
- 注意平衡比赛双方的实力（例如，按不同年龄组进行比赛）；
- 不要让比分过于悬殊。

3.2 比赛的准备和指挥

尽管对比赛的准备工作从周中训练就已经开始,在赛季期内更是如此,但在本章节主要针对比赛日。

1. 比赛准备
- 如果比赛在下午和晚上进行,建议把比赛准备会的时间安排在上午,这样球员就能根据教练员的讲解理解和分析对手,倘若比赛时间在上午,比赛准备会可以放在比赛日前一天的下午或晚上。
- 尽管没有严格规定,但准备会上教练员讲解不要超过20或25分钟。研究表明,长于上述时间,球员的注意力水平明显降低。
- 有一种好的、非常积极的办法,就是让球员积极参与发言,这样可以确保球员注意力集中,但这要由教练员来控制。

2. 赛前演说
- 解说应该简短、针对性强且富有激情。由于届时的比赛紧张度很高,精力都在比赛上,太长的说教并不"过头脑"。因此,建议赛前讲解要简单、明确。
- 关注演说期间全队的投入程度并加以控制是有必要的,要注意安抚焦急状态,在队伍缺乏战斗精神时需积极鼓励。

3. 比赛期间的指挥
- 对教练员来说,首要之事是控制好自身情绪。如果情绪失控,则难以客观地分析比赛并作出正确的决定。
- 比赛是由不同的竞赛局面构成的,取决于诸多因素,譬如当时的场上队员、比分、比赛剩余时间的多少、受伤、累计犯规等,因此,为了在必要时快速正确地作出决策,建议在思想上备有预案。

4. 赛后总结
- 每场比赛之后,当你在家中心情平静时,最好能重新回顾并分析比赛中出现的所有情景,特别是球员对你比赛中指令的反应,是否出现了新问题,作为教练员,你当时是如何分析和作出决策的。
- 做到实事求是和自我批评至关重要,这是确保为未来比赛汲取教训和继续取得进步的唯一路径。
- 比赛总结应采取书面方式,记忆是选择性的,随着时间的流逝,会忘却那些让我们最不舒服的细节,但就是这些细节,往往是导致犯错的关键所在。

3.3 教练员纠正错误

| 讲解 | 示范 | 观察 | 纠正错误 | 改变 |

讲解
- 练习的目标。
- 根据每位球员的不同职责,下达各位球员的任务。
- 采用适宜的教学器材与手段(例如,战术板或录像)。

示范
- 通过教练员或球员做示范。

观察
- 观察球员在练习中的表现。
- 关注教练员所强调的训练要点。

纠正错误
- 纠正错误应选择正确的时机。
- 当练习做得不正确时进行指导。
- 调整训练要点。

改变
- 改变练习的难度。
- 修改练习任务的分配。
- 根据球员的能力和体能状况进行修正。

3.4 准备一堂训练课

训练课

需要考虑的要素：
- 目标（技术的、战术的、身体的和心理的）；
- 赛季；
- 周计划
- 处于本周的那一天；
- 上一场比赛和下一场比赛；
- 每周的训练课次数；
- 上次训练课的总结；
- 可参加训练的球员数量；
- 球员们的技术、战术和体能水平；
- 球员的位置（包括守门员）；
- 可用的训练设施和运动器材；
- 天气条件（温度、湿度等）。

练习

明确说明：
- 练习目的；
- 练习的时间、强度以及间歇时间；
- 需要特别注意的方面（训练要点）；
- 练习的组织，确保每一球员都尽可能全力参与。
- 练习的进展，从简单到复杂；
- 可用的训练器材；
- 练习的人数和区域；
- 教练员的位置。

器材

需要准备：
- 场地；
- 球门；
- 球和打气筒；
- 分队服；
- 标志桶；
- 跑表；
- 哨子。

3.5 一堂训练课的示例

训练课序号：　　　　　　　　　　　　　　日期：

训练课时间：　　　　　　　　　　　　　　100分钟（+9分钟间歇时间）
所处阶段：　　　　　　　　　　　　　　　准备期
总体目标：　　　　　　　　　　　　　　　提高个人技术能力
训练课目标：　　　　　　　　　　　　　　有目的性的控球
训练人数：　　　　　　　　　　　　　　　15名（12名场上队员和3名守门员）
训练所需器材：　　　　　　　　　　　　　–球（和打气筒）
　　　　　　　　　　　　　　　　　　　　–标志桶
　　　　　　　　　　　　　　　　　　　　–分队服
　　　　　　　　　　　　　　　　　　　　–跑表
　　　　　　　　　　　　　　　　　　　　–哨子

准备活动（15分钟）

–颠球　　　　　　　　　　　　　　　　　（5分钟）；
–手球比赛　　　　　　　　　　　　　　　（5分钟）；
–进行2次触球的比赛　　　　　　　　　　（5分钟）。

练习（45分钟）

练习1：不同形式的控球技术练习（15分钟）

目的：
磨炼控球技术，使其趋于自动化。

步骤：
该循环练习分为A、B、C三个不同的练习站
练习A，为训练脚底控球技术，队员在练习中要传地面球。练习B，传短距离空中球，这样就可练习胸部、大腿和脚部的控球技术。练习C，传长距离球，队员应根据传地面球还是空中球，传球速度的快慢，选用胸部、脚底或脚内侧控球。当球员完成控球练习后，与队友交换角色。球员们每5分钟轮换至下一站，两只脚都要进行练习。

变化：
练习C可以加入射门环节，从而更加接近实战。

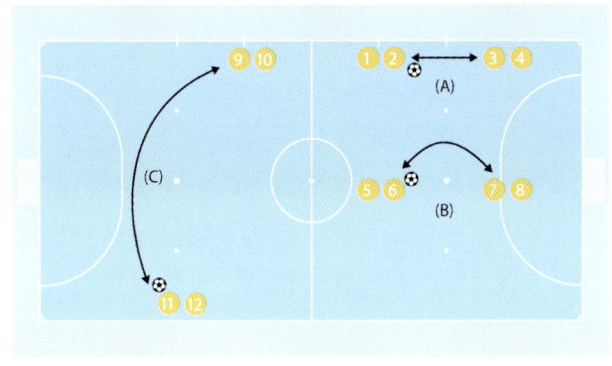

训练要点：
- 控球部位要缓冲来球的速度，意味着控球部位（在触球瞬间）要适当后撤一点。
- 要求队员在接球前培养左右观察的习惯。

间歇时间：3分钟饮水

练习2：有目的性的控球技术练习

目的：
- 提高有目的性的控球技术能力。
- 协调好同伴的行动方向、速度和传球力量。

步骤：
一名球员从边线处传出平稳的地面球，另一名球员从另一侧边线启动跑，在标志桶处做假动作，预判来球的运行路线，对球门完成有目的性的控球技术动作，然后射门。完成射门后轮换到另一侧。该练习应在场地左右两侧都要加以安排，这样才能让球员的两脚都得到训练。

变化：
可以用一名防守队员代替标志桶，开始时只是"跟随"练习队员，之后消极防守，最终过渡到积极防守。

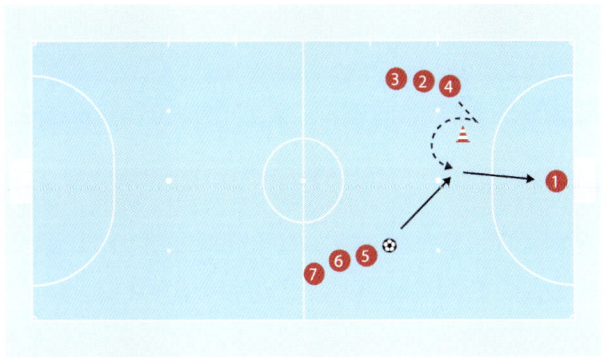

训练要点：
- 进行控球技术练习的队员必须注意，只有当防守队员由于"假动作"无法"观察"时，才进入实施阶段。
- 传球力量要与完成控球技术练习球员的跑动速度、方向协同一致。

间歇时间：3分钟饮水

练习3：真实比赛（15分钟）

目的：
在实战中磨炼有目的性的控球技术。

步骤：
唯一的限定条件就是要求防守队员采取1对1盯人防守，这样就迫使进攻队员必须做出假动作突破对手。球员要预判同伴的传球，以便采用有目的性的控球技术突破对手。如果仅是完成一般的控球而没有目的性，防守队员将迅速回位，进攻一方则无法获得人数优势或有利位置。

变化：
可引入一条规则，在射门前完成有目的性的控球技术动作才算破门得分。

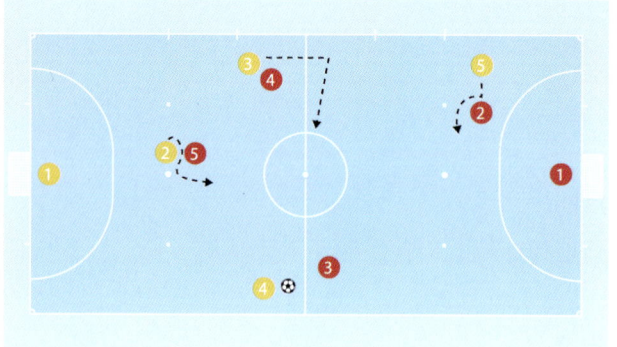

训练要点：
比赛期间，别忽略了练习的主要目标是有目的性的控球技术。

训练间歇： 3分钟饮水

真实比赛（30分钟）

限定条件：
在本方半场要求队员2次触球，对方半场不限触球次数。

伸展与牵拉（10分钟）

训练课评估
该部分训练课的相关要点应记录在案。

3.6 标识与图示

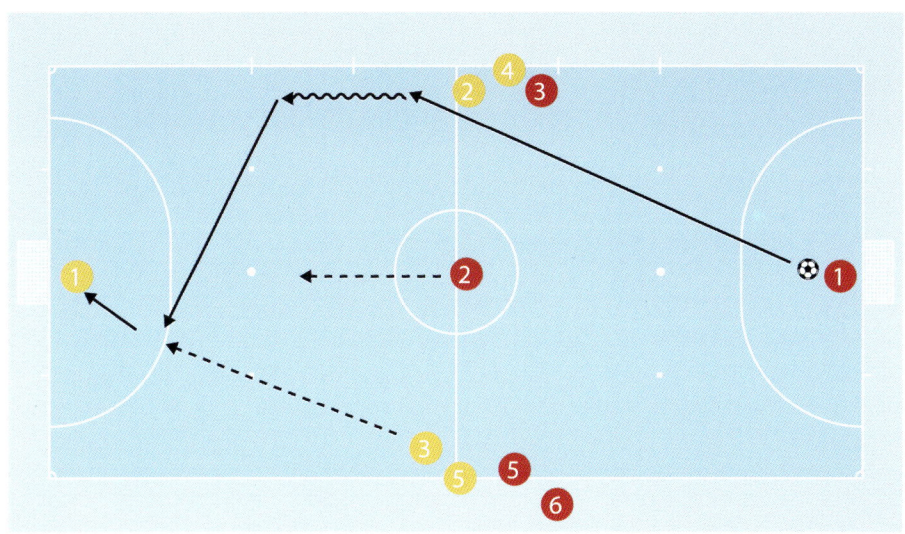

🔴1 🟡1	守门员
🟡2 🔴3	场上队员
🟣0	中立球员（通常仅支持有球方）
⚪🟣	穿着不同颜色分队服的队员
🟢C	教练员
⚽	球
🔶	标志桶
┄┄►	无球队员的移动路线
～～►	控球队员的移动路线
───►	球的运行路线（传球或射门）
◄───►	相互传球
◄┄┄	从一侧跑动至另一侧
(1) (2)	移动的次序
(a) (b)	行动选择
(A) (B)	练习站

4 技术
Technique

4.1 传球

释义：
传球是进攻中的重要部分，为了恰当地传球，必须保持专心和平衡。

练习

（1）交叉传球

目的：
提高传球的速度和准度。

步骤：
站在中间的球员将球回传给两边的队友，从一边到另一边快速地传递。用双脚传。每传递20次后，旁边和中间的球员互换位置。两边的球员，将球传往中间后，为了能交替进行，站在另一边的队友互换位置。

变化：
开始先短传（5米），然后过渡为中距离传球（10米），最后长传（20米）。

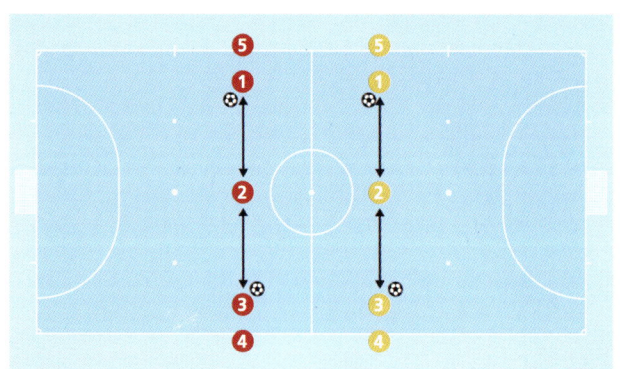

训练要点：
- 当球员触球时，要注意观察他身体的位置。
- 确保球传得干脆，不浪费时间。
- 确保球员接队友传球时要观察左右两边情况。

练习

（2）控球权

目的：
提高移动中以及面对防守时的传球。

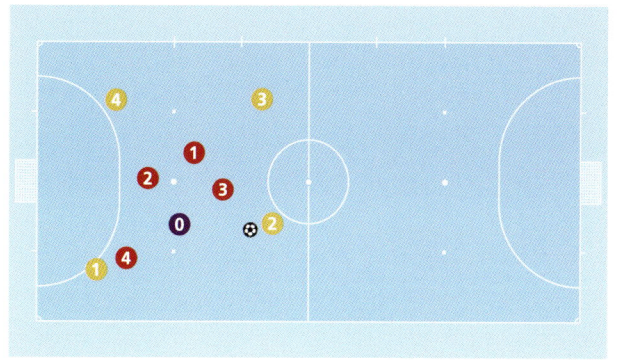

步骤：
在半场内进行练习，在此区域内不限定活动。攻方通过一个自由人辅助，并且尝试连续传球20次球。如果守方赢得控球权，双方交换角色，自由人始终辅助攻方。如果攻方能连续传球20次且不丢球，守方将做5次俯卧撑，然后双方继续控球比赛。

训练要点：
- 为了能看到队友的移动，球员要提前观察。
- 为了便于传球，要注意队友是否错过传球点。

变化：
这个练习可以不限制每名球员的触球次数，也可以限制每名球员2次触球或1次触球。

（3）限制次数的传球进攻

目的：
通过区域进行有效的传球。

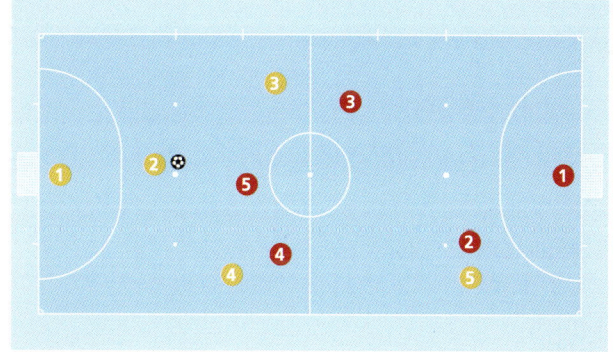

步骤：
在全场进行真实的比赛。规则：队员在本方半场内最多2次触球，在对方半场内不限制触球次数。

训练要点：
在球场的一个区域内通过呼喊触球次数来不断提醒队员。

变化：
规则可以根据训练的目的做改变，允许球员在本方半场内1次触球，而在对方半场内不限触球次数；或在对方半场内最多2次触球，而在本方半场内不限触球数。

4.2 控球

释义：
良好的控球技术能确保控制住球并有助于快速有效地做下一步动作。要想恰到好处地控球，就要用速度摆脱对手。这意味着控球时身体的一部分在触球时必须放松。

练习

（1）各种控球

目的：
娴熟地掌握控球技术。

步骤：
三个站点形成一条线路（A、B、C）。在A站，为了练习脚底拉球，球员要传地面球。在B站，近距离地传半高球，用胸部、大腿或脚来控制。在C站，长传球用胸部、脚掌或内脚背停球，动作选择取决于是地面球还是高空球，速度快或慢。当球员已经控制住球时，与队友做轮换。球员每5分钟换一个点。进行双脚的练习。

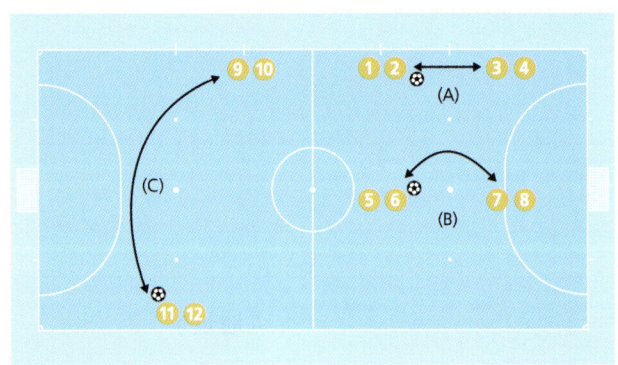

训练要点：
- 利用身体缓冲动作，使身体某个部位能够控制快速的来球。
- 确保球员在接球之前会习惯地左右观察。

变化：
C站以射门结束，使之更像真实的移动。

练习

（2）有目的性的控球

目的：
- 提高有目的性的控球能力。
- 协调队友的方向和速度以及传球力度之间的关系。

步骤：
一名球员在边线传出地面球。另一名球员从另一条边线跑，在标志物前做假动作，然后等来球，停球之后直接射门。每名球员转向后换到对面的位置。这个练习应该在球场的两边进行，以使球员双脚都能得到训练。

变化：
可以用一名防守队员顶替标识，首先阻挡移动中的球员，然后被动防守最后积极防守。

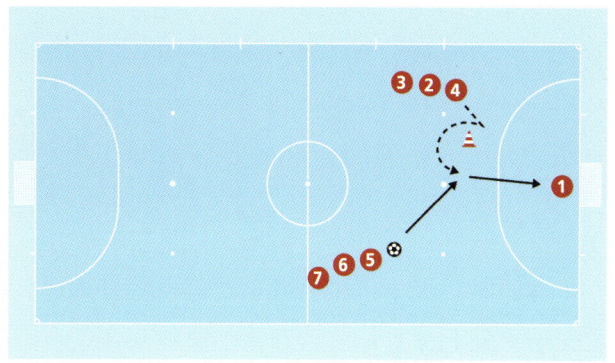

训练要点：
- 当他的防守人因为假动作而被骗过时，这个球员一定要利用有目的性的控球。
- 要求有目的性控球的球员传球速度、传球线路和传球力度应协调好。

（3）真实的比赛

目的：
锻炼比赛状态下有目的性的控球能力。

步骤：
唯一的规则是防守队员用人盯人战术来使进攻队员不得不做假动作。队员希望通过队友的过渡，以便他们可以直接突破对手。如果是普通的控球而非有目的性的控球，防守队员将恢复原位，站位的优势也就没有了。

变化：
可以引进一种规则，控球达到一定次数也可得分。

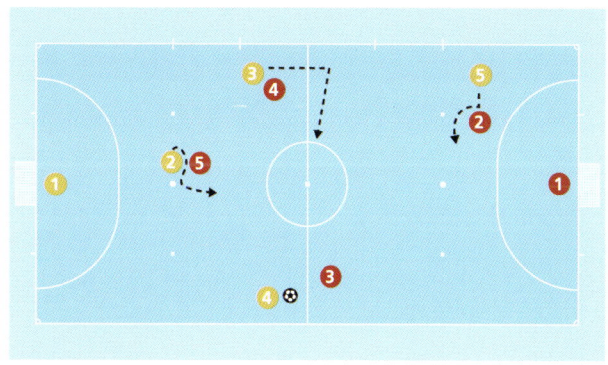

训练要点：
在比赛期间，抬头观察的主要目的是为有目的性的控球。

4.3 带球跑

释义：

在带球跑时，无论用脚的哪一个部位，最重要的是使球更靠近球员的脚，球员不要低头往下看，而应抬头观察比赛的状况。这意味着利用宽阔的视野而作出的战术决定，比球员注意力集中在球上更有效。

练习

（1）沿着线带球跑

目的：
- 掌握带球跑的技术。
- 使用脚的外侧、内侧和脚底。
- 利用左右脚练习。

步骤：
球员沿着直线移动并同时保持对球的控制。当遇到队友从另一个方向过来时，其转身沿着直线回来。

变化：
教练员站在球场上，用手式（不用讲）指示该用哪只脚或者哪个部位，以便球员在控球的同时，也可以看到教练员的指令。

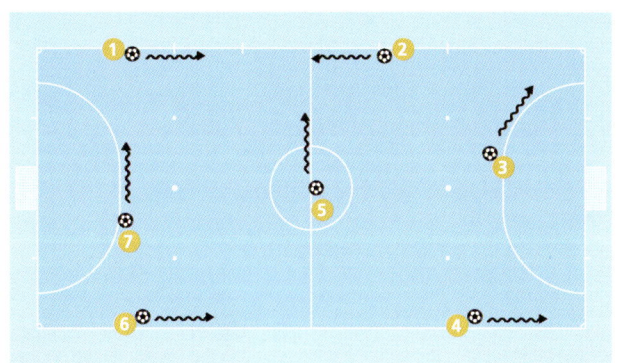

训练要点：
- 为了让球员有一个宽广的视野（不要低头一直看球）。
- 对球不能离开脚的控制。

练习

（2）摆脱防守

目的：
在遇到挑战的情况下保持良好视野的区域并带球跑。

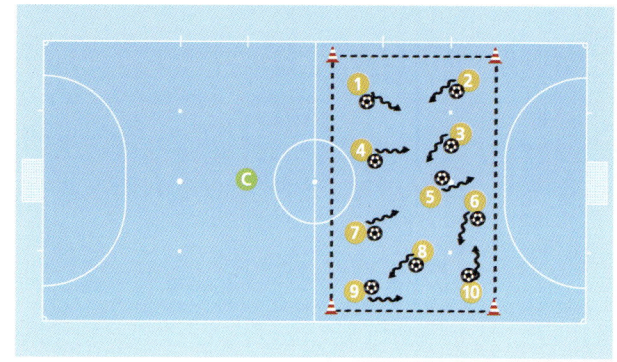

步骤：
每名球员在有限的空间内带球，教练员站在这个区域外，高举手臂显示着数字。球员在带球跑的同时高举一只手显示着与教练员相同的数字。在尝试把队友的球踢出区域外的同时，保护好自己的球。如果有球离开指定区域，该队员被淘汰，并且在返回游戏前做俯卧撑。教练每5秒改变手指显示的数字。

训练要点：
- 球员高举一只手，但用另一只手来了解他的防守者的位置并保护好球。
- 在球员受到最大压力时，球员通过抬头观察，以便获得自身处境的信息。

变化：
- 教练员喊出应该用脚的哪个部位来控制球。
- 教练员可以改变所举的是左手还是右手来指示球员应该用哪只脚。

（3）带球反击

目的：
在实战中带球跑。

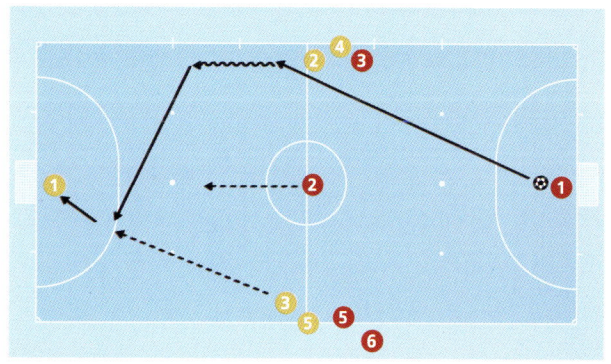

步骤：
守门员将球传到球场的一侧。球员接球后带球，至少3次触球，在将球传给球场另一侧的队友之前，跑到射门的位置。守门员发出球后，后卫（红衣）回撤以防守对方进攻。当进攻停止时，该活动重复进行，但改为中线上的队员（黄衣）以及其他红衣队员拉回来防守。

训练要点：
- 为了使球员知晓队友和守门员的位置，应做到带球时正确控制好自己的身体。
- 为了安全地进行传球，进攻队员要做到快速地带球。

变化：
在完成以上练习前，可以加强时间限制（5～10秒）。

4.4 运球突破对手

释义：

在室内五人制足球里，运球突破对手是非常实用的技术。因为该技术既可以突破防守，又可创造优势。

运球突破是最难以预测的技术动作，会给对方造成疑惑和不确定性。

练习

（1）接球并运球突破

目的：
练习运球突破对手。

步骤：
两队面对面坐在两条边线上。教练员在球场中央拿球，喊一个号码并且扔一个球到地上。被喊到号码的球员立即向球跑去。先拿到球的队员成为进攻者，而另一名队员则防守，然后进攻球员试图运球突破对手防守以达到目标区域射门。

变化：
- 限定练习时间，如果球员在射门得分前时间用完，则练习结束，另两名队员开始练习。
- 这个练习可以两组同时进行，以减少球员所等待的时间。

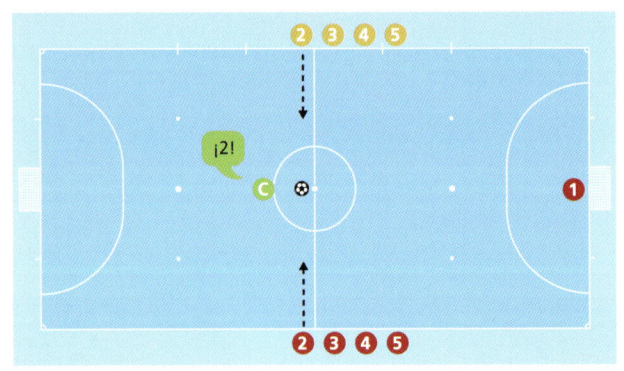

训练要点：
- 球员要做到以下三点：获得球权，姿势正确，运球突破。
- 快速移动运球结束后，为了使训练顺利地进行，球员在练习结束后必须迅速离开球场。

练习

（2）运球突破2名队员

目的：
在极其困难的情况下练习运球突破。

步骤：
进攻队员尝试从中场拿球，但要面对2名防守队员。训练的最后阶段，球员在一边等待担任后卫和进攻队员的角色。在设定的时间内，进攻球员成为后卫，反之亦然，以便让所有队员都可以练习运球突破。

变化：
- 规定在有限的时间内完成。
- 这个练习可以在球场的另一半同时进行，以减少球员等待的时间。

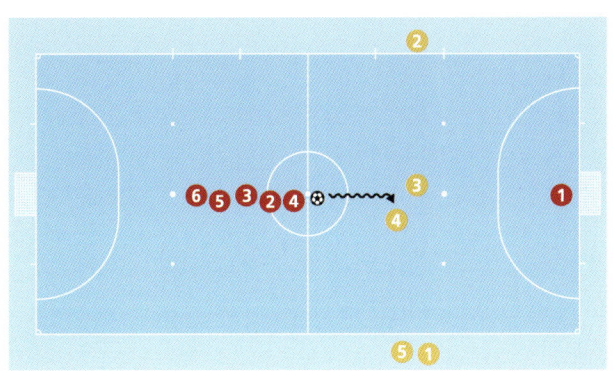

训练要点：
- 队员在球场中央要做到移动，因为这样才有更多的自由空间来突破防守。
- 除进攻队员已经摆脱了防守队员之外，2名防守球员要迫使进攻球员无法转身。

（3）在实战中运球突破

目的：
练习在对抗中运球突破。

步骤：
规定如果不是通过运球突破防守，则进球不计分数。

变化：
- 依靠规则，每次球员运球突破对手创造人数的优势，统计得一分，无论在球场的任何一个位置。
- 为了鼓励在进攻区域内运球，通过规则，在防守的半场内运球突破对手不计得分，只有在进攻半场内运球突破对手统计得分。

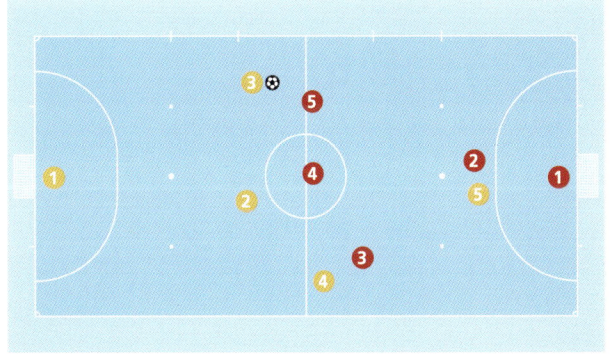

训练要点：
- 要特别注意第一个假动作，使后卫失去平衡并轻松地突破他。
- 在需要运球突破时，通过呼喊提醒队员所在的危险区、中立区和球场。

4.5 射门

释义：
要赢得一场比赛，射门得分不仅是进攻的高潮，而且也是最具决定性的技术。

练习

（1）射门节奏

目的：
提高射门的频率和速度。

步骤：
把球放在禁区边缘各点的位置上。一名球员在最短的时间内射出所有的球。当这名球员完成以后，另一名球员接着进行。这个练习可以在另一个球门同时进行。如果此练习是在最后一堂训练课进行，要注意预防肌肉拉伤或肌肉撕裂。

训练要点：
- 确保向后摆腿的距离短。
- 注意接球前球员的身体姿势。

变化：
- 球员在第一轮练习用一只脚射门，第二轮用另一只脚射门。
- 球员完成所有射门应规定时间限制。

练习

（2）四个角

目的：
- 提高移动中的射门能力。
- 协调好传球和射门的准确率。

步骤：
用半个球场，2个球门。四个角站着球员为中间的队员传球。每个球门有一名守门员。球场中的队员随意做出各种移动和变向。最近角落的球员把球传给中间的球员让他射门。每个角都必须持续给球使得练习不间断。中间的球员和边角的球员每10秒进行互换。

变化：
设一名后卫使进攻球员的动作和射门更具实战性。

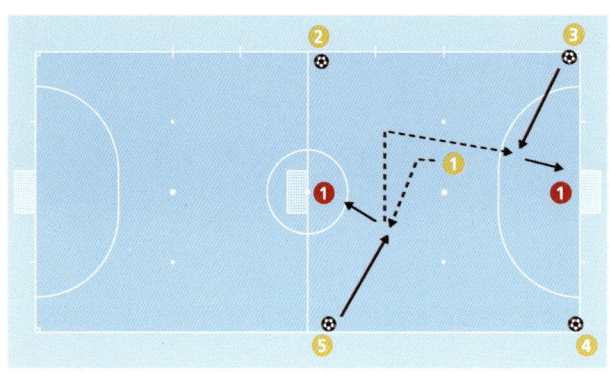

训练要点：
- 注意射门时的身体姿势。
- 协调球员传球的力度和速度以便射门。

（3）实战

目的：
在比赛状态下训练射门。

步骤：
一次正常的练习需要半个球场，2个球门。因为球门离得近，就有了更多的机会射门。

变化：
- 规则可要求其中一队传球7次之前，必须射门。
- 或者，可让其中一队必须在得到控球权10秒内射门。

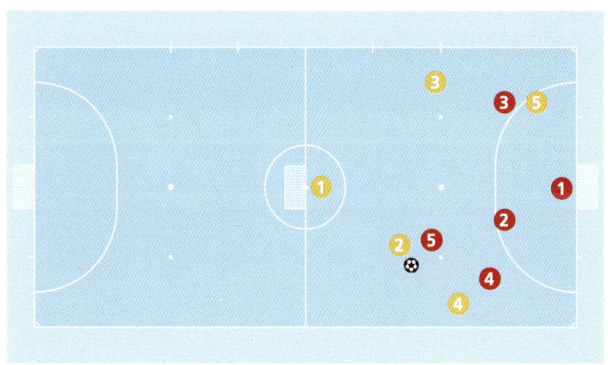

训练要点：
- 球员必须做到射门时不是静止的，而是在跑动中射门。
- 球员应该选择最佳时机射门（以避免被防守队员挡住球）。

5 战术
Tactics

5.1 阵型

5.1.1 概述

谈论各类阵型时，并非指僵硬的站位和排列，而是指根据某些具体目的、角色和功能在场上有组织的站位。这种分配可以在本队队员之间建立一系列的互动（战术），从而在完成目标的同时，也不损失攻守平衡。阵型必须既是动态的，也是灵活的，因为阵型在比赛过程中会被持续打乱又一再被重建。目前室内五人制足球比赛中，有几种阵型常被使用。运用时要根据当时场上的球员、对手，以及比赛的情景来选择某种具体的阵型。

5.1.2 防守阵型

1-1-2-1（1-3-1）阵型

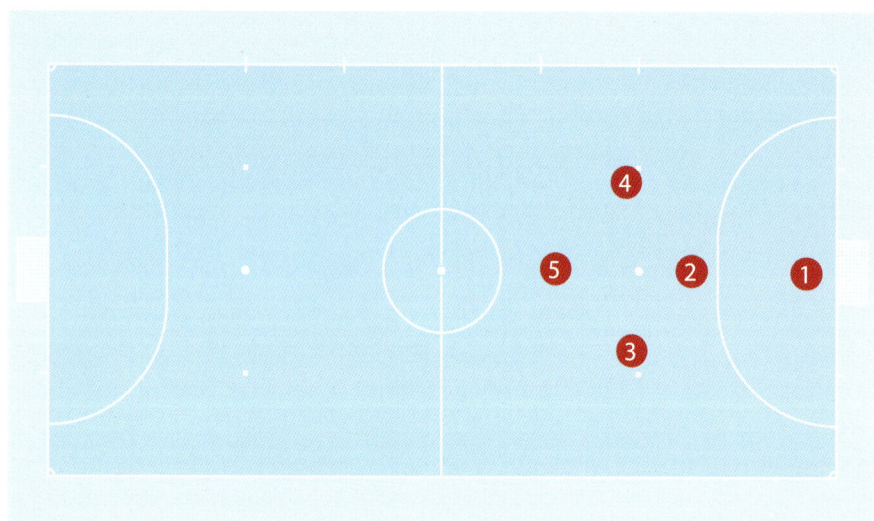

优点：
- 本阵型主要以一系列三角形构成。即总是有防守层次。
- 本阵型提供有效的防守保护。

缺点：
- 本阵型越是往前推移，越来越多的空间需要防守，有效的防守保护就显得越来越少。
- 本阵型容易导致体能疲劳，尤其当球快速从场地一侧转移到另外一侧的时候。

练习：1-1-2-1（1-3-1）防守阵型

（1）3对4防守

目的：
使第一和第二防守线的移动成为本能。

步骤：
3名防守球员加守门员防守4名进攻球员加守门员。真实比赛情景。最纵深的防守球员提供关闭保护。重新获得球以后可以反击。

变化：
- 开始时候被动防守；然后积极防守。
- 对防守方破坏进攻或者抢回控球权进行时间限制。

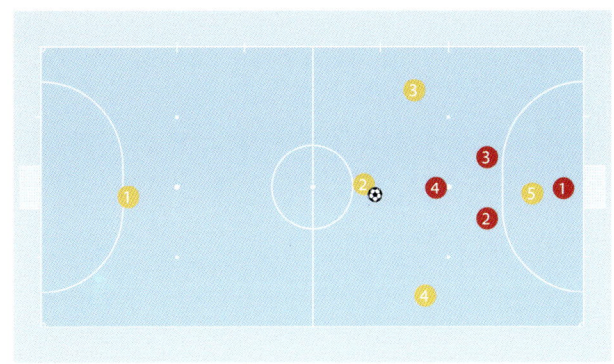

训练要点：
- 对防守队员的交错站位要特别关注。
- 观察传球线路是防守的主题，而并非只看到球。
- 球员基本的防守姿态很重要，以便能够快速移动出来。
- 防守球员尽量利用手臂来干扰进攻球员的传球视野，这点也很重要。

（2）比赛中的防守

目的：
在比赛中练习该阵型。

步骤：
真实比赛情景。进攻方可以使用任何进攻体系，防守方要确保防守阵型不混乱。

变化：
- 根据教练员的信号，在场地的前后场组织防守。
- 根据教练员的信号，改变防守类型（区域/人盯人）。

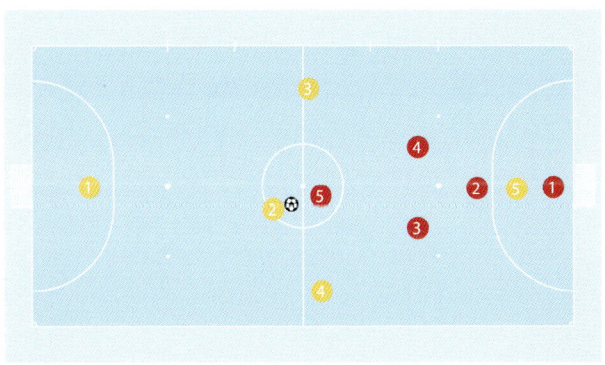

训练要点：
与练习（1）相同。

1-2-2阵型

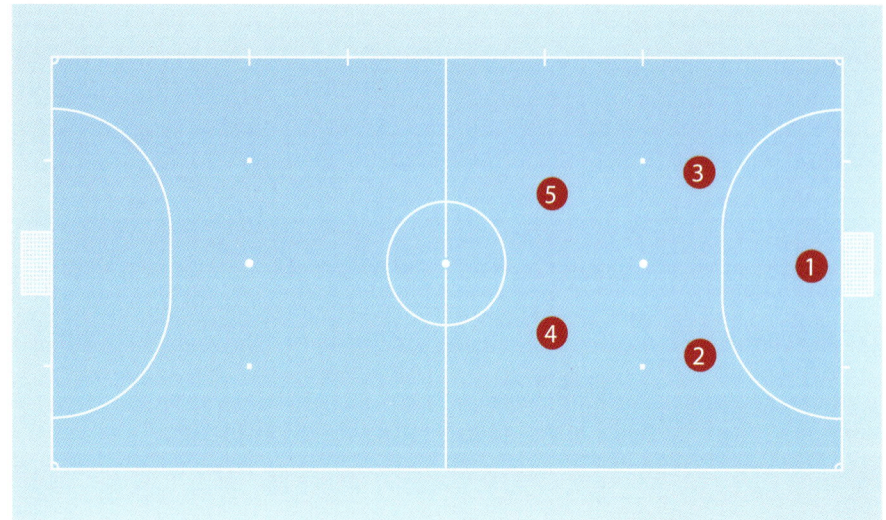

优点：
- 当对手利用守门员参与进攻时候，这是非常有效的防守阵型。
- 如果只是偶尔使用，通常会使进攻方意外，因为这个阵型确实不常使用。

缺点：
- 防守线只有两条。
- 如果进攻方突破第一条防守线，有2名球员就会被留在球的远方，使攻方在一侧具有了人数优势。

练习：1-2-2 防守阵型

（1）第一防守线的交替保护

目的：
使第一防守线的保护移动成为本能。

步骤：
2名进攻球员加1名在中间的固定前锋。2名第一防守线球员阻止传球给前锋。1名防守球员对有球进攻球员施压，同时另外一名防守球员执行关闭保护。如果球传给了另外一侧的进攻球员，第一防守线交替移动至另外一侧。

变化：
对这个移动进行时间限制。

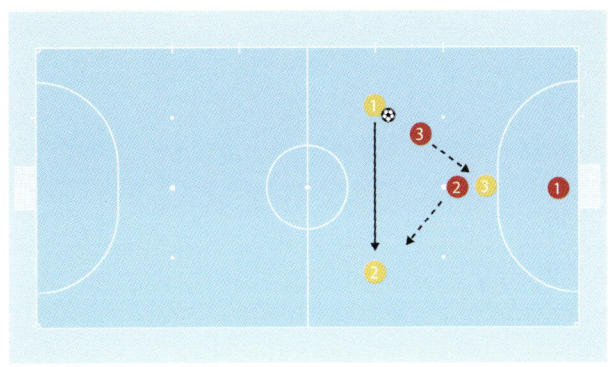

训练要点：
- 2名防守球员不要站成一条直线。
- 2名防守球员要确保1名上前施压的同时另外一名退后，反之亦然。
- 守门员要稍微上前一点，跟随球的方向两边来回移动。
- 守门员要持续指挥防守球员。

（2）4对5防守

目的：
在比赛情景下练习1-2-2防守阵型。

步骤：
由5名球员组织进攻，1名进攻球员在中间。第一防守线的1名球员对有球进攻球员施压，同时第二名球员提供关闭保护，防守在中间的那名进攻球员。在第二防守线，有球一侧的防守球员紧逼同侧进攻球员，同时另外一名防守球员提供保护关闭，防止可能的斜向传球到中路。

变化：
- 限制进攻的时间。
- 对重新获得控球权施行时间限制。

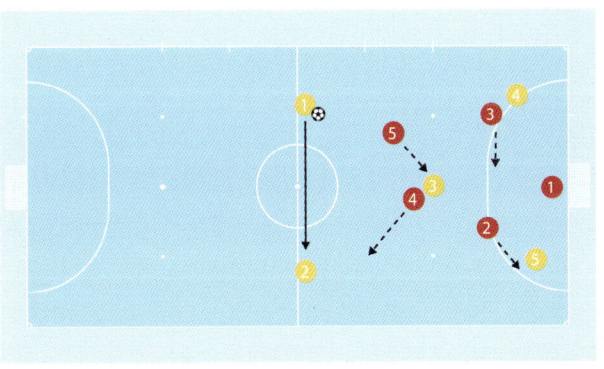

训练要点：
与练习（1）相同。

1-1-1-2 阵型

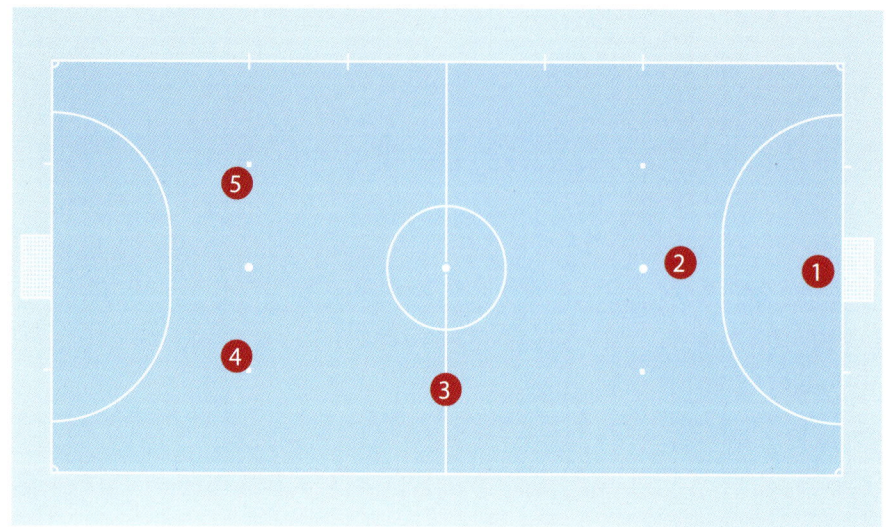

优点：
- 这是一个积极紧逼的阵型。紧逼使进攻球员出错。
- 提供一种交错防守。

缺点：
- 非常消耗体力。
- 导致很多转换和人数劣势的情况。

练习：1-1-1-2 防守阵型

（1）在人数劣势下的防守

目的：
训练第一和第二防守线。

步骤：
4名进攻球员，3名在后场，1名在前场。前场球员不能退到中线以后。第一线防守球员紧逼有球队员和传球线路，当球转移到另外一侧以后，交替紧逼有球一侧。防守球员要阻止进攻球员传球给前锋，并且要尽快夺回控球权。如果前锋接到球，由守门员来防守该球员。真实比赛情景。

变化：
- 对进攻施行时间限制或者对抢回控球权进行时间限制。
- 规定前锋接到球后不能回传。练习一对一打守门员的能力。

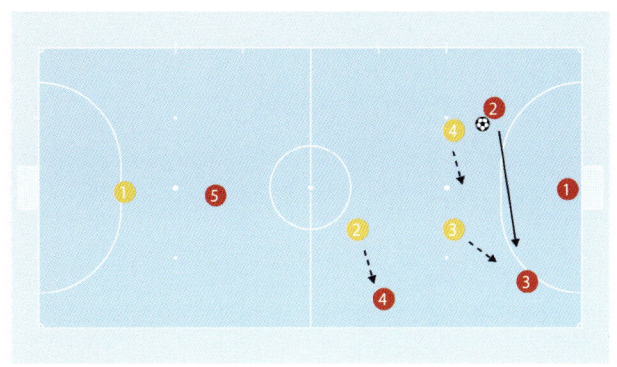

训练要点：
- 第一防守线球员拦截的是传球线路，而不是进攻球员已经接好的球。
- 如果进攻球员转身保护球，那么所有防守球员要非常贴身紧逼自己的进攻球员。
- 一旦球穿越了防守线，防守球员要迅速回撤。

（2）真实比赛

目的：
在比赛情景中练习1-1-1-2防守阵型。

步骤：
真实比赛情景。由守门员发球。防守球员首要任务就是关闭好中场，不让球直接传给中锋。一旦球传给了边路球员，防守球员开始紧逼，交替变向关闭所有传球线路。防守球员根据球所在位置进行交替变向。

变化：
- 防守方在球越过中线前就抢到球得1分。
- 限制进攻方传球过中线的时间。
- 每次球越过中线以后给防守方减少1分。

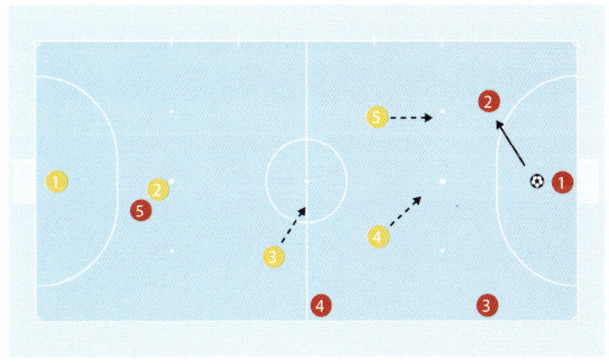

训练要点：
- 与练习1相同。
- 第二和第三防守线防守的是传球线路，而并非球员（只是观察他）。

5.1.3
进攻阵型

1-1-2-1（1-3-1）阵型

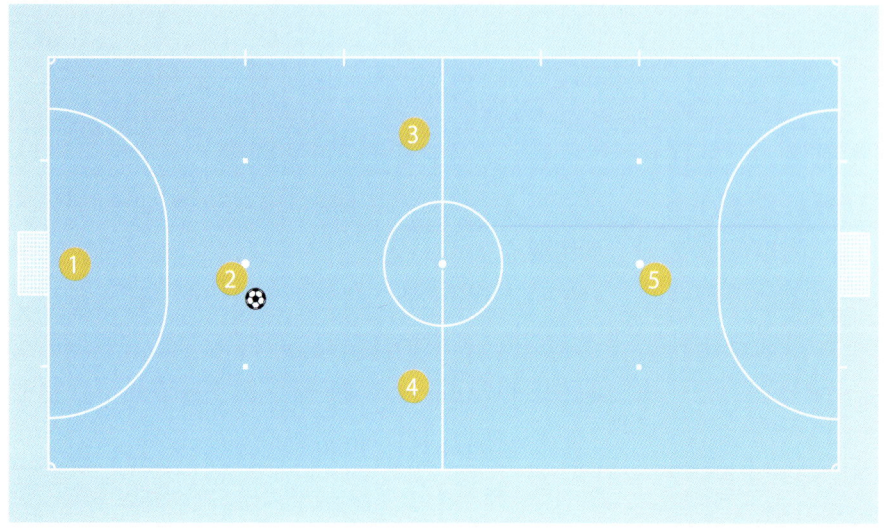

优点：
- 在本半场有3名球员，对有球队员有接应；更好地掌握比赛的节奏和控制比赛。
- 失球后，有防守平衡。

缺点：
- 需要专门的中锋，可以背身拿球，同时也需要传球好、射门好的球员。
- 如果进攻球员没有足够耐心，选择错误传球，就会导致被反击。

练习：1-1-2-1（1-3-1）进攻阵型

（1）4对3进攻

目的：
传球给中锋并且射门。

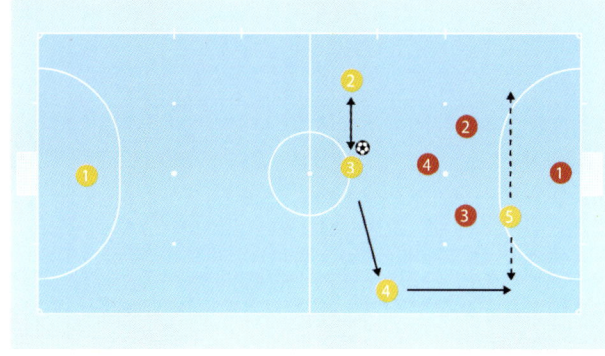

步骤：
在半场内比赛。4名进攻球员加1名守门员对3名防守球员加1名守门员。进攻方中锋自由移动，任何时候不能被防守。但是中锋不能射门，只能传球给同伴。

变化：
- 限制进攻移动时间。
- 规定传球给中锋的球员不能射门，必须由其他两名球员来完成。
- 再加1名防守球员，使成为4对4设2名守门员。真实比赛情景，但是进攻还是限制在半场内。防守方可以反击。每隔5分钟交换攻防双方，计算每队的进球决出胜负。

训练要点：
- 3名进攻球员的身体姿态，确保中锋在视野之内。
- 通过耐心控球，直到安全传球给中锋的机会出现。
- 中锋要不断地创造传球接应点。
- 一旦传球给了中锋，进攻球员必须快速移动，但是要以交叉跑的方式移动。
- 利用假动作摆脱防守。

（2）换位及传球给中锋

目的：
创造传球线路传球给中锋。

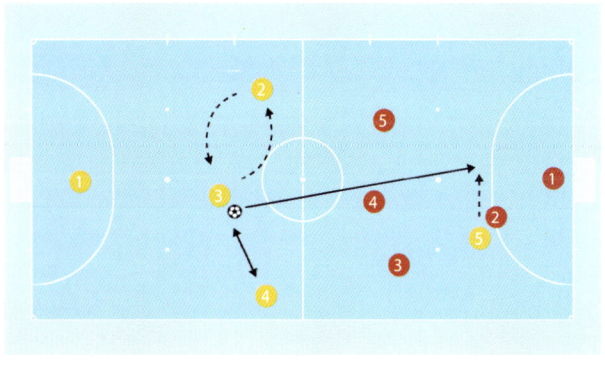

步骤：
1-3-1进攻站位。在后场控时，球不能越过中线。防守方也不能越过中线来抢球。进攻方3名球员之间传球和换位，找到传球给中锋的办法。中锋也要根据有球队员的位置进行协同移动，帮助创造传球线路。球传给中锋以后，其他两名进攻球员可以移动进去射门，提供2个传球选择，同时第三名球员做防守。

训练要点：
与练习（1）相同。

变化：
- 限制传球给中锋的时间。
- 规定一旦防守方获得控球权或者进攻方没能射门成功情况下，防守方可以反击。

1-2-2 阵型

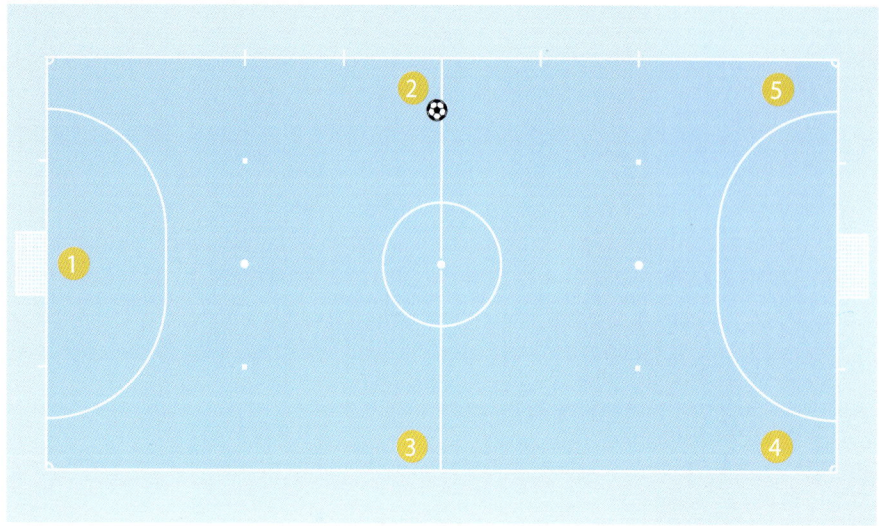

优点：
- 如果有2名技术非常好的球员在组织线的话，通过一对一的能力可以获得人数优势。
- 当防守方退得比较深的时候，本阵型非常适合远射和打后门柱包抄。

缺点：
- 接应不是很强。一旦失去球，没有太多防守平衡；造成对手容易获得反击机会。
- 由于进攻球员相互之间的距离，球员之间相互换位机会不多。

练习：1-2-2 进攻阵型

（1）4对2进攻

目的：
练习1-2-2进攻阵型。

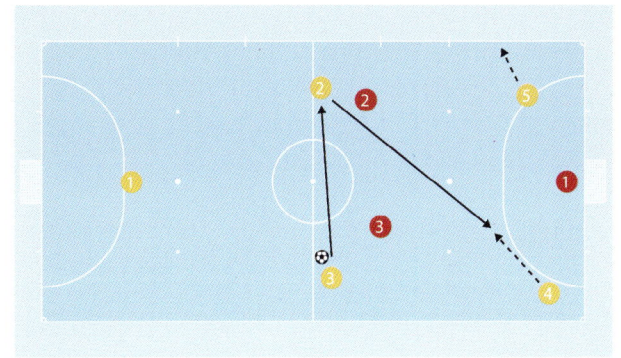

步骤：
4名球员进攻2名防守球员，他们2人组成第一线防守。在组织区的2名进攻球员可以相互传球，利用一对一晃过1名防守球员或是传球给在禁区附近的同伴。在前面的进攻球员要随球协同移动创造传球线路，但是不能过分改变阵型的形状。如果他们没有接到球，就要退回到原来的位置。进攻方任何球员射门以后，移动结束。

训练要点：
- 身体的姿态确保能看见进攻队的所有同伴。
- 无球队员持续移动创造传球线路。
- 在球的远端利用突然的移动迷惑对手。
- 传球的速度。

变化：
根据目的，做不同的规定：传球前必须一对一；横向传球4次以上才能传球给禁区附近的队员；只能打后门柱，等等。

（2）4对4进攻

目的：
在比赛情景下练习1-2-2阵型。

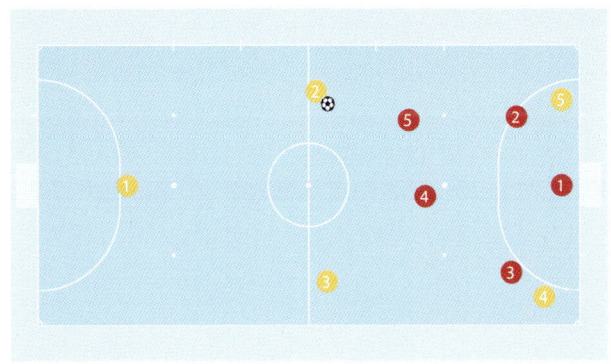

步骤：
真实的比赛情景，但是防守只能在本方半场。在此情景下，有球队员来决定进攻的办法。该球员必须阅读队友的移动和防守方的站位。一旦防守方获得球，可以反击。

训练要点：
与练习（1）相同。

变化：
- 限制移动时间。
- 根据目的规定一种计分方法：射远门柱得分，计1分；运球突破防守后进球，计2分；罚球区外射门进球，计3分；等等。

1-4-0 阵型

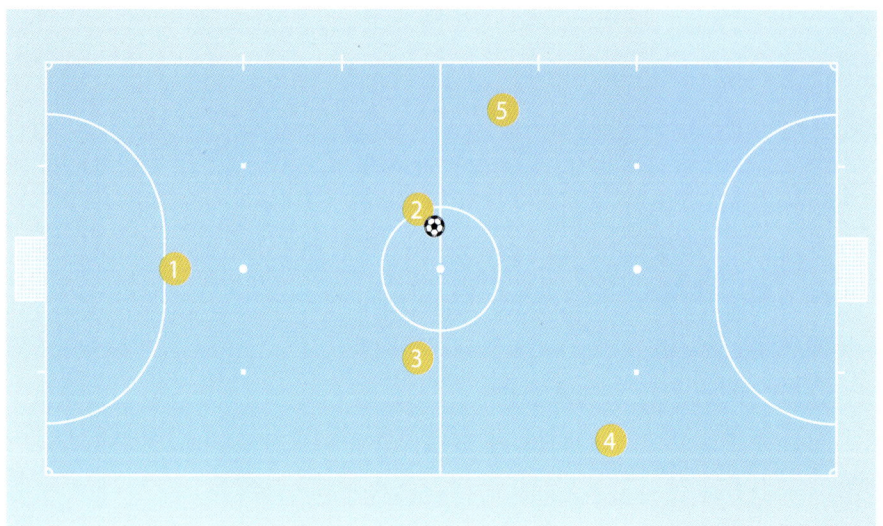

优点：
- 如果对手使用人盯人防守，本阵型可以创造许多空当。
- 有球队员总是有2名或者更多名接应球员。本阵型提高了对比赛的控制。

缺点：
- 如果对手进行区域防守，进攻方必须阅读防守，移动至最能打击对手的区域。如果不能很好阅读和移动，进攻方胡乱移动，容易造成阵型不平衡，有球队员也失去了接应。
- 这个阵型需要所有球员具有很好的技术能力和相互之间的协作能力。

练习：1-4-0 进攻阵型

（1）1名球员不能接触球

目的：
- 提高无球移动能力。
- 提高有球球员的意识。

步骤：
真实比赛情景，但是穿绿色分队服的进攻球员不能接球。该球员要持续寻找空当。人盯人防守。在一段时间后，绿色分队服转移给另外一名进攻球员。

变化：
- 限制队员一次触球，两次触球限制，无触球次数限制，等等。
- 限制移动射门时间。

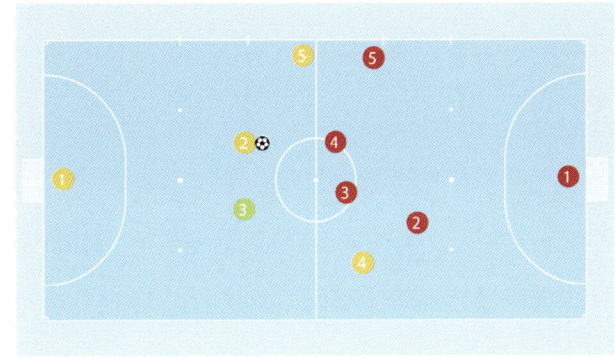

训练要点：
- 不能接球的球员要不断为同伴创造传球线路。
- 有球队员的身体姿态要确保能看见所有同伴。
- 由于球员站成了一条直线，有球队员旁边必须至少有一名队友提供安全传球机会。

（2）进攻区域防守

目的：
- 练习1-4-0阵型攻击区域防守的办法。
- 阅读比赛并作出有效的决策。

步骤：
真实比赛情景。使用区域防守。无球的进攻球员寻找空当给防守制造疑惑并且欺骗防守球员。瓦解一些防守区域，并快速将球转移到无人防守的区域。

变化：
- 限制移动后射门时间。
- 开始使用1-3-1阵型，然后再转变为1-4-0阵型。

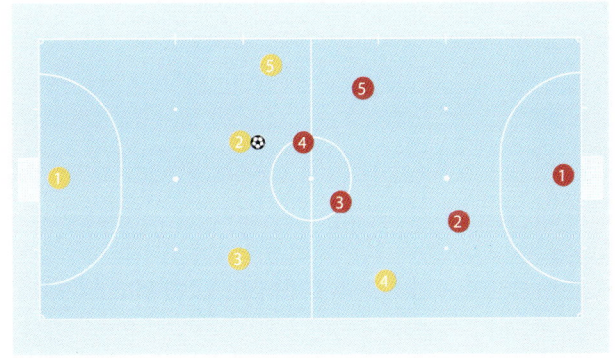

训练要点：
- 本练习的最重要一点就是无球移动要不可预测，并且要在对手防守线之间移动，让对手不可确定。
- 在防守线之间的球员接球后不要护球，一次或者两次触球后回传。
- 重要的是至少有2名同时无球队员移动发生（一名是欺骗，另一名是突然袭击）。

5.2 定位球

5.2.1
踢界外球

界外球有两个主要的目的：
1. 发动一次能够射门得分的尝试。
2. 确保对球的拥有权。

这些目的实现，均受到发球点和对方球门之间的距离、对方防守球员的位置、进攻球员的位置，以及非常重要的一点，主罚球员阅读比赛的能力影响。

练习：界外球

战术练习1

目的：
利用中锋射门。

步骤：
进攻球员2号传球给3号然后做斜向跑。同时，中锋5号从中间向边路移动。进攻球员3号传球给位于边路的中锋。中锋5号既可以传球给4号射门，也可以传球给2号。球员3号向前移动到中间位置做平衡。

变化：
如果防守方关闭了从3号到5号的传球线路，那么进攻球员3号可以传球给场地另外一侧的4号，该球员可以和2号做配合。

训练要点：
- 确保发球队员良好观察（抬头观察）。
- 确保无球队员的移动能够制造传球线路。

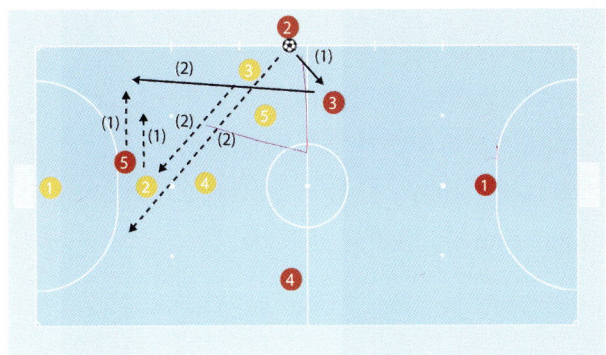

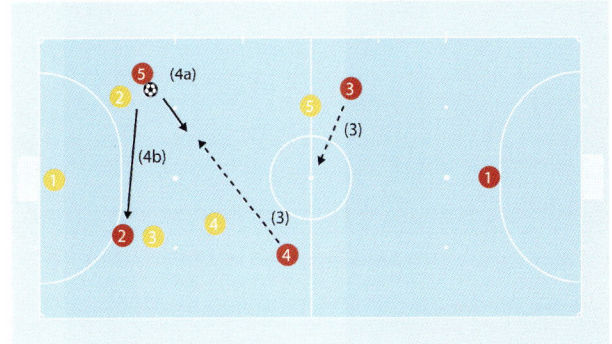

战术练习2

目的：
一次传球后射门或者直接射门。

步骤：
进攻球员4号短传给3号，3号假射，然后控球向前。4号传球以后，移动到3号身后。5号球员看见3号控球向前以后，摆脱防守到远门柱。3号这时可以选择射门或者传球给5号。2号球员确保防守平衡。

变化：
如果3号不能控球向前，他可以用脚底将球回传给4号，4号可以重新开始一次移动。

训练要点：
- 队员2号和4号要创造容易的接应点。
- 3号队员要护住球。
- 5号队员跑向远门柱。

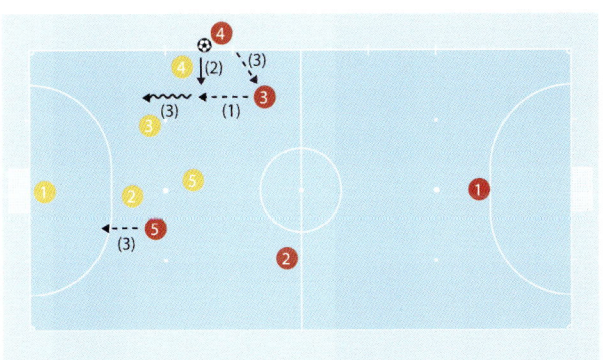

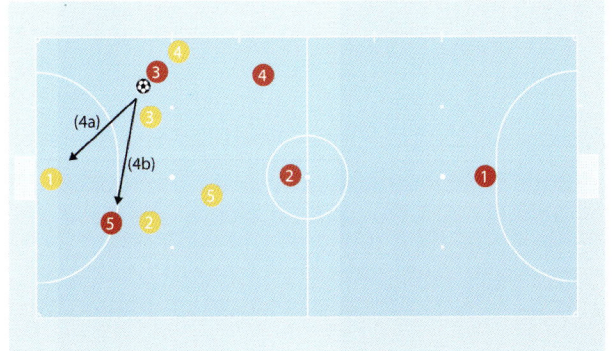

5.2.2
角球

角球的主要目的是射门得分或者至少给对手制造一些威胁。有时,这个目的仅仅是确保控球权。后者取决于比分、比赛所剩的时间、角球得分机会和发球队员阅读比赛的能力。

练习：角球

战术练习1

目的：
完成在罚球区外凌空抽射。

步骤：
在5号发球之前，3号和4号阻挡各自的防守球员。同时，2号摆脱防守，接高空球然后向球门抽射。

变化：
如果对手摆脱了3号和4号的阻挡动作，那么4号进攻球员移动到近门柱，3号移动到远门柱，准备接5号球员的传球。

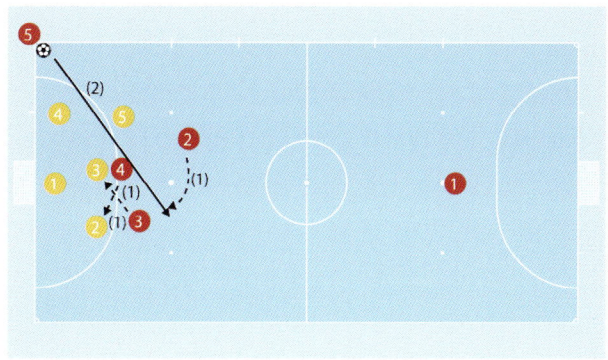

训练要点：
- 确保5号抬头观察。
- 阻挡球员（3号和4号）做动作时的身体姿态要为下一个动作做准备。
- 2号球员移动线路约1/4圆圈距离，为了能拉开防守球员的距离获得时间射门。

战术练习2

目的：
提高脚底后踩球射门的技术。

步骤：
进攻球员4号上来接同伴5号的传球。同时，进攻球员3号佯装要从5号那里接球，然而移动到罚球区附近接由队友4号用脚底后踩的球。

训练要点：
- 确保5号球员的视野宽广，可以看见防守球员的移动。
- 4号球员尽可能是个右脚选手。
- 3号球员要做假动作。

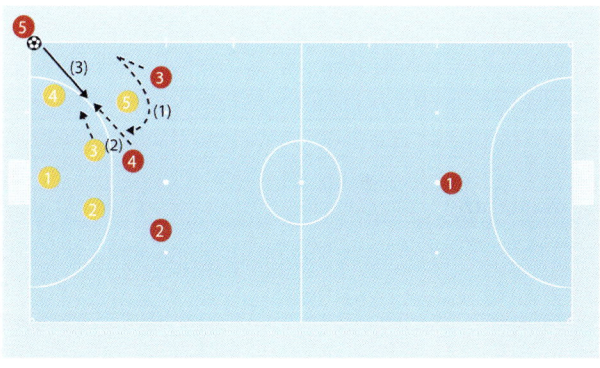

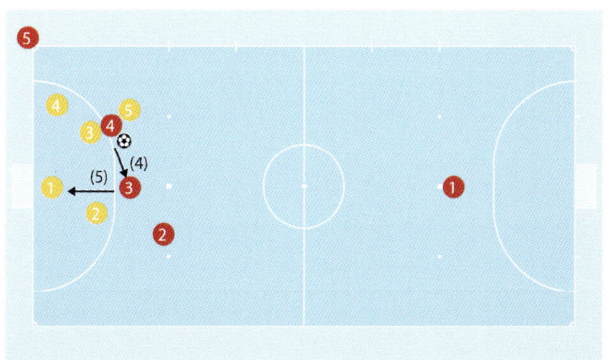

5.2.3
任意球

任意球最重要的因素是球队的移动和发球队员之间的协同。发球的时候，主罚球员应该选择最好时机，精确传球或射门，使用最恰当的力量。因此，主罚球员应该不急不躁，良好地阅读比赛。

练习：任意球

战术练习1

目的：
利用双重阻挡后射门。

步骤：
2号球员主罚任意球。从罚球点来看，主罚球员如果是左脚选手最为有利。发球前，4号球员从人墙和靠他最近的防守球员中间穿过。3号球员挡住人墙中离球最远的防守球员。5号球员从二门柱移动回来挡住靠他最近的防守球员。4号球员做弧形跑动回来，利用3号和5号的阻挡中间的空当，接球射门。

变化：
如果防守球员5号摆脱阻挡，这时给在罚球区内的进攻球员5号创造了一个传球机会。

训练要点：
- 4号球员移动一定要快。
- 5号必须控制好身体姿态来应付防守可能的摆脱。

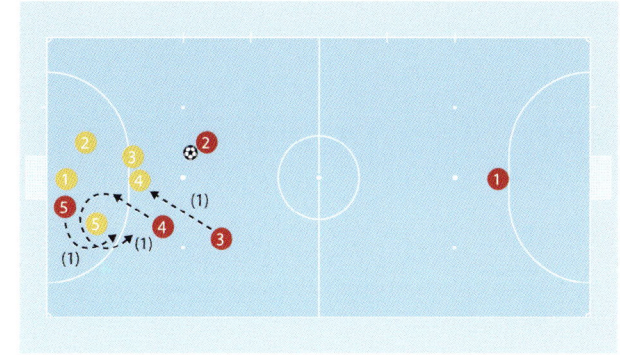

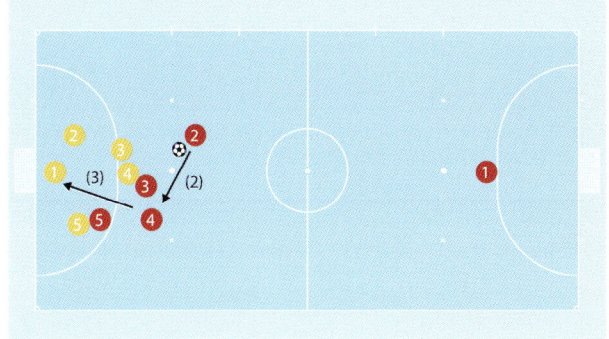

战术练习2

目的：
练习从边路射门。

步骤：
进攻球员4号阻挡人墙里最靠近自己的防守球员。5号球员移动到边路接传球，然后射门。

变化：
如果与人墙平行站位的防守球员紧跟5号，进攻员4号可以到中间接球并且有时间转身和射门，或者分球给2号。

训练要点：
- 主罚球员的身体语言不能显明要传球给边路。
- 进攻方3号必须在防守球员的视野中，以便制造防守的不安。
- 进攻方5号球员必须是右脚选手。

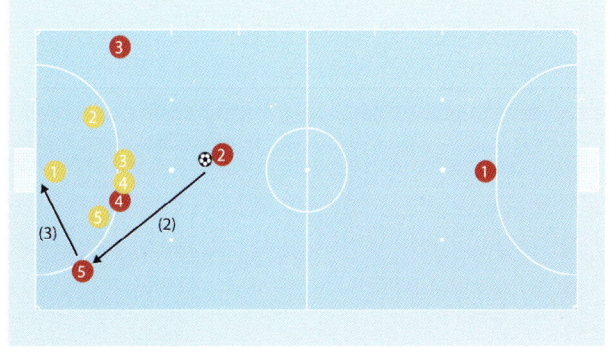

5.3 比赛的组织

5.3.1 防守

人盯人防守：
- 这个方法非常消耗体力
- 个人的责任重大
- 防守目的不仅是看球，同时也要看对手
- 人盯人防守能使对手犯错误
- 没有提供保护

练习：人盯人防守

练习1：3对3

目的：
练习人盯人防守。

步骤：
3打3设一个球门。每名进攻球员穿不同颜色的分队背心。防守球员与进攻球员配对，并且确保在进攻移动中不要跟掉对手。每5次进攻以后攻防双方交换。练习结束时，计算进球数量，看哪一队防守更好。

变化：
限制移动射门的时间。

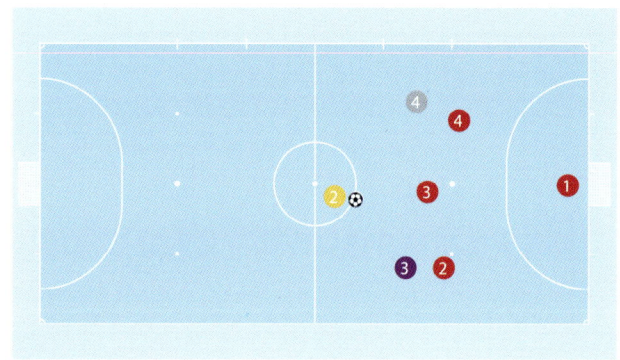

训练要点：
- 不要被配对的进攻球员摆脱。
- 防守球员不要离进攻球员太近——这样会更加容易被摆脱。

练习2：真实比赛

目的：
练习比赛中人盯人防守的能力。

步骤：
练习正常的5打5比赛。人盯人防守。

变化：
- 根据教练员的信号，在半场、1/3场地或者3/4场地进行人盯人防守。
- 限制进攻射门时间或者重新获得控球权时间。

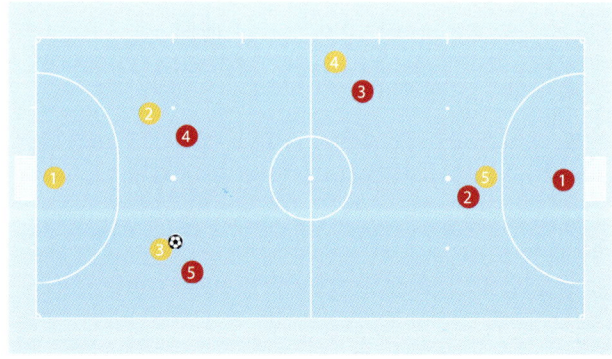

训练要点：
- 与练习1相同。
- 随时要观察球和所盯防的对手。

区域防守：
- 加快防守保护
- 一旦重新获得控球权，最容易组织反击
- 比其他防守阵型都要节省体能
- 提高团队的统一性
- 在区域之间需要巨大的协同
- 防守参照物是球不是人

练习：区域防守

练习1：球的位置

目的：
提高球员随球位置保持移动的意识。

步骤：
6名进攻球员对4名防守球员加守门员。进攻方相互之间扔球，次数不限，但是球员不能移动。防守方必须在对球移动的同时不牺牲区域站位。

变化：
- 进攻方可以移动并且可以射门得分。
- 用脚踢球代替手扔球。
- 限制射门时间。

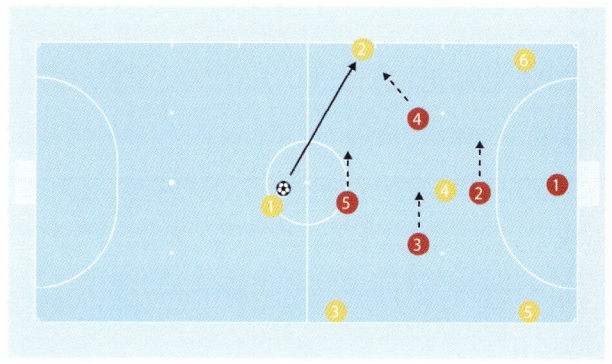

训练要点：
- 防守方必须将身体重量放在前脚掌上，而非脚后跟上，这样才能移动更快。
- 移动时，防守方必须既要观察球，也要观察队友的移动。

练习2：使用多球的真实比赛情景

目的：
根据球的位置练习重组区域防守站位。

步骤：
真实比赛情景，5打5，两边线各设一名教练，各持一个球。在比赛的任何时间，其中一名教练员可以传球给离他最近的进攻球员，这时候，前面的那个球就作废。这样制造了一个全新的比赛场景和与之而来的防守反应。

变化：
- 用更多的球。
- 限制射门时间和重新获得球的时间。

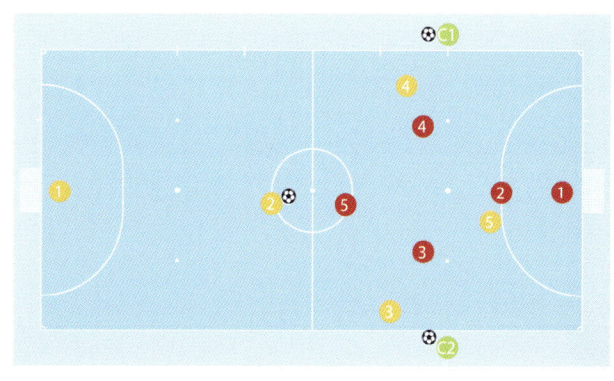

训练要点：
与练习1相同。

混合式防守：

- 有两种防守形式混合在一起
- 通常指除了一名球员执行人盯人防守外，其余球员都进行区域防守。但是，并非是一个固定的规定，取决于教练员安排
- 这类防守通常是为了冻结对方关键球员
- 并不是整场都使用这样的防守，应根据当时比赛情况选择

练习：混合式防守

真实比赛

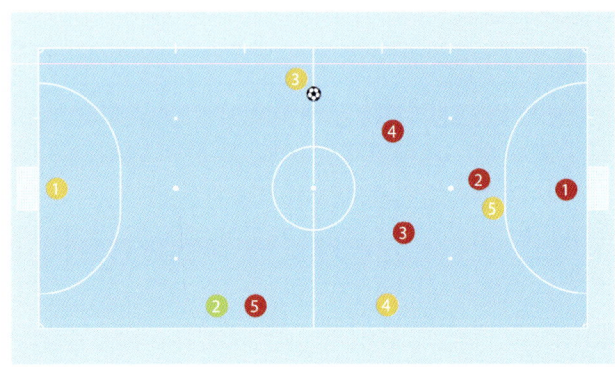

目的：
在真实比赛情景下练习混合式防守。

步骤：
真实比赛，除一名防守球员人盯人防守进攻方穿绿色分队背心的球员外，防守方采用区域防守。

变化：
- 限制穿绿色背心的进攻球员接球在一定数量以内。
- 限制射门时间和重新获得球权时间。

训练要点：
- 在这类防守中，做人盯人的防守球员无需观察球，只要确保所盯球员不要接到球。
- 其他球员要按照训练要点执行区域防守。

交互式防守：
- 交互式防守方式需要掌握各种类型的防守
- 在比赛中观察参考以便改变防守类型
- 需要球员相互协调，同时作出相同的决策
- 使对手出乎意外而慌乱
- 使用得当，这个方法让防守方信心倍增

练习：交互式防守

真实比赛中练习

目的：
在真实比赛的情景下练习交互式防守。

步骤：
5对5的比赛。开始规定一队在本方半场区域防守，越过中线后执行人盯人防守。

变化：
- 规定一队以一种防守类型开始（区域或者人盯人），听到教练员"改变"命令以后，不论该队在场地任何位置，都要做相应的防守转变。
- 还有其他改变防守类型的方法，具体因各教练员而异。例如：当对手回传球给守门员以后，那么防守方不论在场地任何位置立即执行人盯人防守。又例如：当球已经穿越第一条防守线，全队退回，开始区域防守。再例如：当执行区域防守的时候，一旦进攻队员突破进入，对他要进行人盯人防守。

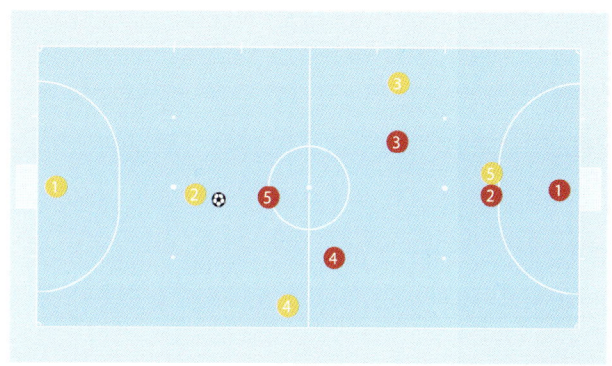

训练要点：
最重要一点是第一条防守线要采取主动，其他球员才好跟随。

5.3.2
攻防转换

攻防转换是五人制足球中最令人激动的部分，它展示了速度、技术、团队配合以及比赛的激情。

练习：由攻转守

（1）完成射门后

目的：
一次完成射门以后的防守转换。

步骤：
黄队阵地进攻。当移动结束，射门球员和他的防守球员不再参与练习。其他防守球员迅速组织进攻，另外一队球员防守，形成3对3。

变化：
限制每次进攻移动的时间。

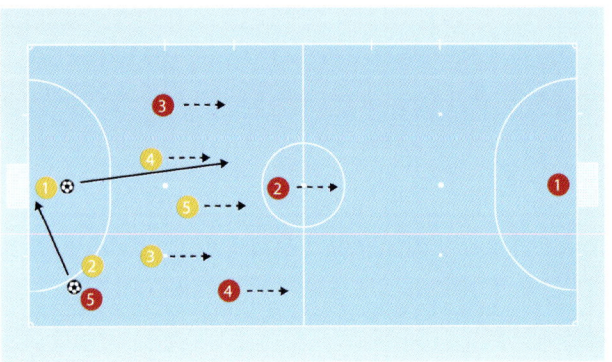

训练要点：
- 当一队失去控球权后，球员不要分心，应当考虑如何退回防守。
- 一名防守球员应该尝试阻挡反击对手，不是要阻挡犯规，而是要延缓他，为其他防守球员回防就位争取时间。

（2）缩小场地

目的：
持续重复转换。

步骤：
在半场进行3对3的比赛，设2个球门。真实比赛。空间的缩小意味着攻防转换不断发生，由守转攻和由攻转守。

变化：
比赛可以限制为1次触球，2次脚触球或者无触球次数限制。

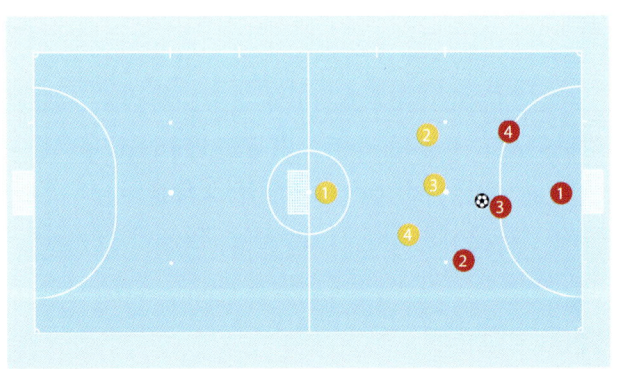

训练要点：
与练习（1）相同。

练习：由守转攻

（1）利用人数优势

目的：
练习有效的由守转攻和利用人数优势。

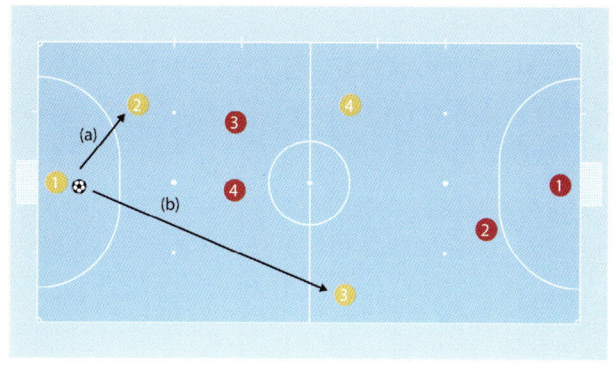

步骤：
2队各有1名守门员和1名防守球员在本方半场，2名进攻球员在对方半场。球员都不能移动到另外半场。守门员可以直接扔球到对方半场的同伴那里开始2对1进攻，或者也可以发球给就近球员，开始1对2的进攻。该球员要传球给在另外半场的同伴。

训练要点：
- 最重要的是第二线进攻球员要尽量拉开提供清楚的传球线路。
- 一旦第二线进攻球员接到球，速度是关键。

变化：
- 如果靠守门员最近的那位进攻方球员接到球，成功传球给另外半场的同伴后，可以加入形成3打1。
- 也可以安排成2打3和3打2。
- 限制转换的时间。
- 转换时限制触球次数。

（2）3名队员为一组

目的：
持续重复转换。

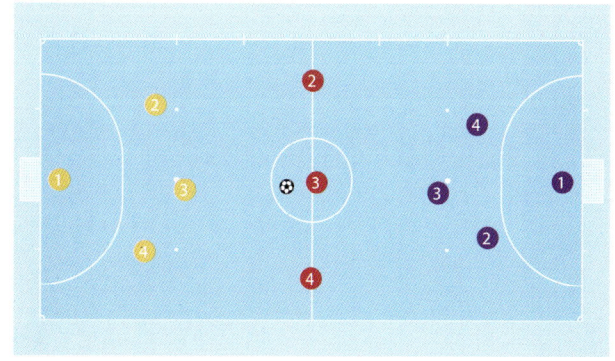

步骤：
2名守门员严守各自球门，场内3支球队，每队3名球员。在中间的球队开球进攻，努力射门得分。不论什么原因进攻中断或结束（失去控球权、射门偏离、进球等），该队变成防守方，以前的防守球队进攻另外一侧球门。按照这个程序重复几次。

- 对每次进攻施行时间限制。
- 限制每次进攻的传球次数。

训练要点：
- 进攻方的无球移动。
- 传球的速度。

变化：
- 进球方继续进攻。

5.3.3
进攻

进攻是整个比赛中最需要练习和经验的环节。阵地进攻或者逐步组织进攻的成功需要耐心，懂得阅读和理解比赛，并且知道如何造成对手防守混乱和利用这个混乱。

练习：快速进攻

（1）获得控球权后

目的：
练习获得控球权以后的快速进攻。

步骤：
黄队为进攻方，利用1名球员进攻防守方4名球员。其他2名进攻球员在本方半场。第四名进攻球员在场外，暂时不参与比赛。当红队抢下球以后，即发动快速进攻。这时，黄队丢球的球员退回防守，在场外的黄队球员也加入防守。红队球员要尽量在对手组织好防守之前完成进攻。

变化：
对快速进攻施行时间限制。

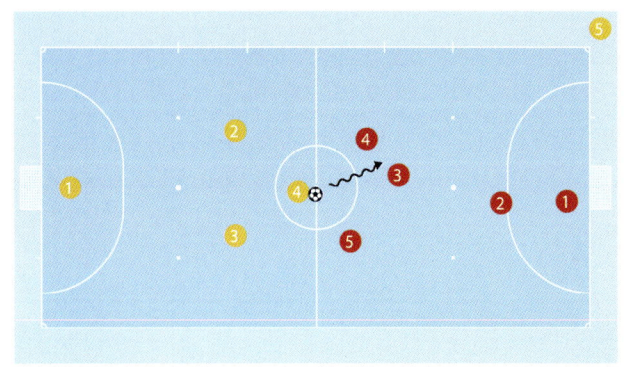

训练要点：
- 抢到球的队员应该带球到中路，以便为其他2名同伴创造两个通道。
- 一旦抢到球，速度是关键，但不能损失准确性。
- 总是射门，及时把球射出，这样对手才不能打反击。

（2）沿边路快速进攻

目的：
通过快速进攻创造在边路的人数优势。

步骤：
真实比赛，黄队进攻一个紧缩的防守阵型。守门员在球门里预备好多球。一旦进攻移动结束，防守方2名球员快速跑出，每人跑一边路来创造人数优势。守门员选择最佳位置的球员传球。

变化：
- 如果进攻方进球，攻方继续下一轮进攻。
- 限制黄队的阵地进攻时间。
- 限制快速进攻时间（7～10秒）。

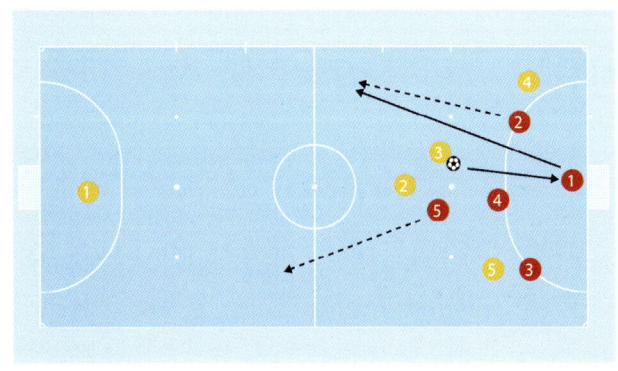

训练要点：
- 快速跑向边路的2名球员的间隔时间应为1～2秒。第一名队员跑动一般为欺骗，第二名队员跑动通常是一种突袭。
- 守门员手抛球时候的身体语言应该与实际抛球方向相反。

练习：阵地进攻或逐步组织进攻

（1）连续进攻

目的：
连续发动阵地进攻。

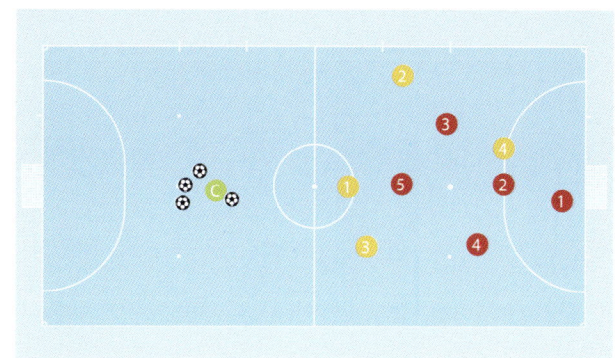

步骤：
半场内真实比赛。一方持续进攻。如果球出界或是被守门员挡出，站在中圈内的教练员将给球后开始新的进攻。进攻一定次数以后交换。

训练要点：
- 重点应该是在传球的速度而不是球员的移动速度。
- 尽量避免长距离横向传球，因为在有组织的防守面前这样做非常危险。

变化：
- 对每次进攻进行时间限制。
- 射门前限制最少传球次数。

（2）真实比赛 5对4

目的：
利用人数优势逐步组织进攻。

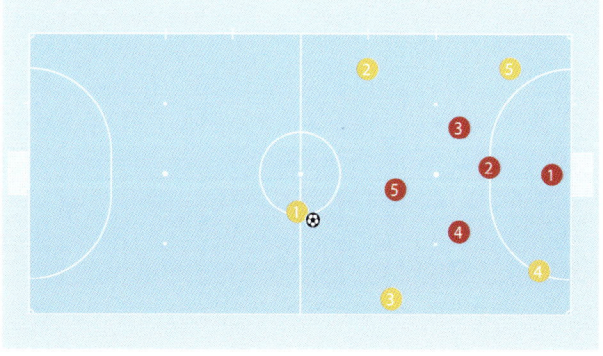

步骤：
进攻方守门员出来参与进攻。真实比赛，两队都可以射门。

变化：
- 限制每次进攻时间。
- 变化成2-1-2阵型。

训练要点：
- 传球要有速度和准确性。
- 组织进攻时要耐心等待机会的出现。
- 确保总是可以向侧后方传球。

6 体能准备
Physical preparation

6.1 专项素质与要求

在室内五人制足球运动里，队员身体素质的发展必须要考虑到比赛的专项特点。从单纯的生理目标来看，这是为了给运动员提供能量源，从而使运动员在技战术的执行上尽可能更加有效。

明确了这点，那么就需要对训练的量化进行控制（时控），而对强度（心率）和跑动距离应进行记录。

训练身体素质的恒定动态发展过程是：负荷 — 疲劳 — 恢复 — 适应。

教练员通过训练负荷使身体产生疲劳的状态。而当身体恢复后，不但能重新适应，而且可以提高并超过最初的水平标准。如果负荷强度太大和太频繁，或者恢复期太短，即会导致过度训练。如果负荷太小或恢复期太长，那么适应的过程将不会在原有的水平上提高。

6.2 身体素质

6.2.1
耐力

耐力是指人体尽可能长时间在或大或小的强度下工作的能力。

训练方法
持续不变
- 这是在不被打扰的情况下以一致的速率跑动一段固定的时间或距离。
- 工作时间可以从20～30分钟持续至60～90分钟。
- 工作时的心率可以从120～150 bpm增加到160～180bpm。
- 工作时平均最大氧耗量为45%～80%。

持续可变
- 在确定时间或距离后，改变跑动速率。
- 这种方法不单单只提高有氧能力，同样也提高有氧爆发力。
- 他让运动时间和距离与恢复时间和距离合作到了一块。
- 练习时间的变化为20～60分钟。
- 工作时的心率为140～180bpm。
- 工作时平均最大氧耗量为45%～90%。

广阔的间歇
- 广阔的间歇主要用于针对与室内五人制足球有关联的更多专项目标（比如，射门、不完全恢复下的爆发性行为）。
- 训练时间为60～90秒。
- 工作时心率为160～180bpm。
- 恢复时的心率应该降低于120bpm。
- 最大耗氧量为70%～95%。
- 例如，间歇性训练、法特莱克训练法。

密集的间歇
- 这些训练目的为了改善无氧乳酸爆发力和无氧乳酸能力以及提高无氧非乳酸爆发力和无氧非乳酸能力。
- 工作时间前者为20～30秒，后者为8～15秒。
- 恢复时的心率应该降低于120bpm。
- 例如，多组的50米和400米跑（运动时间为6～7秒和70～80秒。这是室内五人制足球典型的最短和最长时间）。

重复性
- 这种方法几乎集中于提高无氧乳酸爆发力、无氧非乳酸耐力和速度耐力。
- 每组之间都需要完全恢复。
- 根据训练目的的不同，训练时间可以为10～45秒。
- 工作的重复可提高乳酸等级。
- 例如：多组距离跑，组数按比赛需要。

额外的阻力
- 强度的改变受到角度和斜坡长度的影响。
- 在斜坡上设置重复性练习。

6.2.2 力量

力量是指人体的肌肉力量对抗外来阻力的能力。

训练方法
方法主要是根据竞技的类型和做功时力量的种类并保持和训练计划一致。

肌肉的发展
- 发展最大力量。
- 中等负荷的运用（40%~60%）。

肌肉的协调性
- 发展最大力量。
- 高负荷（75%~100%）。

超等长
- 在跳或投掷时，通过肌肉和神经（合作）的唤醒来提高最大力量（多重跳，运用楼梯）。
- 这种方法推荐给高强度行为的训练。
- 此被认作为转换训练，换句话说，通过专项分析身体练习来提高技术技巧。

综合
- 这种方法是根据要提高肌肉的发展或肌肉协调性的需要时，把所有形式的力量锻炼整合在一起。
- 它通过把不同负荷的需求量和重复次数结合在一起来达到效果。

速度力量，迅速或爆发力
- 速度力量的增加也需要增加最大力量。
- 在攻防转换训练课中也能提高这方面的能力。

力量耐力
- 小负荷（20%~50%）和多次数的重复配合使用。
- 循环训练对这种方法很有效。

练习
- 自重训练；
- 配对练习；
- 实心球；
- 肋木；
- 静力性训练；
- 负重；
- 多级跳；
- 超等长训练；
- 实心沙衣；
- 等等。

6.2.3 速度

速度是指人体在最短时间内执行运动行为的能力。

训练方法
反应速度
- 不同刺激的反应（视觉、听觉、触觉等）。
- 提高有关感应速度的要求。比如通过改变外部刺激（增加训练时的用球数、缩小练习场地、不同的有利条件和不利条件等）。

加速度
- 这项特点的改善需要提高力量和速度力量。
- 从不同的位置开始、改变速率、多级跳、超等长跳等。

最快速度
- 要提高这类速度，肌间的和肌肉的协调性是非常的重要的。同样的还有主动肌和对抗肌的协调性。
- 需要重复训练。
- 做功不能超过6秒。

速度耐力
- 练习就像最快速度一样，持续时间短，但重复组数多，并减少恢复时间。
- 尽量确保所有的活动都是在无氧乳酸效果上进行。

6.2.4 柔韧

柔韧是指人体完成最大幅度的运动技能的能力而不会在恢复到起始姿势过程中发生延迟或损伤。

产生影响的因素
- 中枢神经系统；
- 肌肉张力；
- 腱膜（包裹肌束的膜）；
- 一天的时间；
- 环境温度；
- 年龄。

提高柔韧性的训练最理想的年龄应该是11～14岁。放松的和强制性的被动活动应该放在12～17岁。

从17岁开始，综合性的柔韧训练要继续下去，同样要注意专项运动的关节和肌群。

练习
- 触碰脚尖；
- 劈叉；
- 被动牵拉；
- 动态牵拉。

6.2.5 协调性

协调性是人体神经肌肉的一种能力，即可使人体活动更有组织性、更规范，并能够准确地执行要求的动态行为，而能量使用效率更好。

协调性的类型
- 整体协调性：针对球的综合性活动（跑、跳等）。
- 局部协调性：针对个人身体局部的活动（手-眼、脚-眼等）。

练习
- 跳起并分开双腿，展开双臂或前伸。
- 转身或翻筋斗。
- 结合圈环、旗杆等练习。
- 跳起时双腿并拢，双臂正向旋转或逆向旋转。
- 双脚三级跳。
- 单脚跳。
- 结合器械的跳跃。
- 借用绳索、横梁、倾斜的长凳等进行攀爬。

6.3 青少年运动员体能准备特点

当考虑让孩子进行身体活动时，那么必须要考虑到他们在不同年龄生长发育时的心理和生理方面的问题。

指导方针
- 让比赛规则适合孩子现阶段知识和发展的层次。
- 根据孩子们的水平准备适合的任务，便于明确学习、指导他们的动机。
- 每个孩子都应有积极的后援。
- 训练目的应该用短语注明，这样孩子们就不会失去动力。
- 踢球的乐趣、好奇心等是孩子产生动力的因素。
- 比赛中输了，会让孩子失去动力。就这方面而言，积极参与才应该是重点，并且需要强化这个观念意识。

耐力
- 遗传因素的影响对于最大氧耗起着90%的作用，而训练因素只有10%。
- 无氧乳酸训练应该延迟到15～16岁后再开始。

力量
- 运用训练提高最大力量应从16～17岁开始，并要小心。
- 运用训练提高爆发力应从16～18岁开始。
- 乳酸力量耐力可以在18岁以后开始提高。

速度
- 关于速度（短时间做功）的训练或比赛可以用于青少年运动员。
- 加速度和移动速度可以在男孩14～15岁或女孩9～13岁时开始训练。
- 高强度速度训练通常从16岁以后开始。

柔韧
- 柔韧随着年龄而退步。
- 孩子的柔韧性程度开始退步的年龄，男孩为10岁，女孩为12岁。
- 骨架在14～16岁时变得更加坚固，这代表肌肉力量的增加，而肌肉弹性也许就减退了。
- 每天的训练都需要柔韧性练习。

协调性
运用训练来提高协调性的方法可以分为3类：
1. 不需要器械的练习：各种变化的练习，包括头、躯干、四肢；不同类型的转身、跳跃、改变节奏等。
2. 需要技巧性可操控的器械练习：练习可能用到棍、球、绳等。另外，可操控的技术，这也是通过计算好轨迹和恰当的姿势来进行投掷和接的练习。
3. 针对某项运动的专项练习：控球，带球跑，带球过人等。

当训练协调性时，正确的办法是把以上3类中的第一类作为练习的开始。

7 守门员
The goalkeeper

7.1 技术动作

7.1.1
进攻技术动作

抛球门球

这是守门员为了重新恢复比赛，用手抛或者脚踢的方式把球传出罚球区。

练习：抛球门球

（1）抛球门球到标志桶

目的：
练习发球门球的技术。

步骤：
4个标志桶放置在场内不同距离的各自位置上。守门员把多个球放置在球门内，用手抛出击打每个标志桶。

变化：
- 相同练习，但守门员用脚踢球。
- 安排一名防守队员站在第二罚球点附近，增加练习难度。

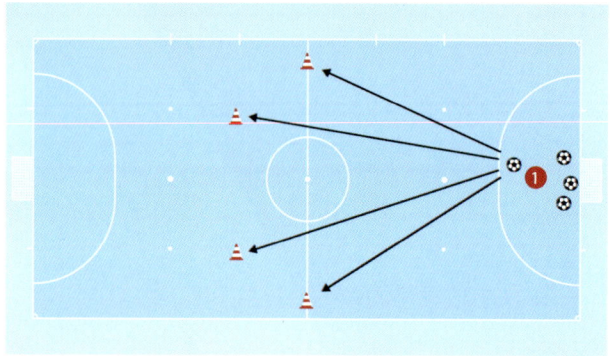

训练要点：
- 注意观察守门员发球门球时候的身体姿势倾斜角度。
- 注意观察守门员抛球时候手臂的弧度。

（2）发球门球给中锋

目的：
在比赛情景下发球门球。

步骤：
1名守门员加1名进攻球员。守门员抛球必须配合进攻球员的移动，因为进攻球员要摆脱防守。

变化：
相同练习，但守门员用脚踢球。

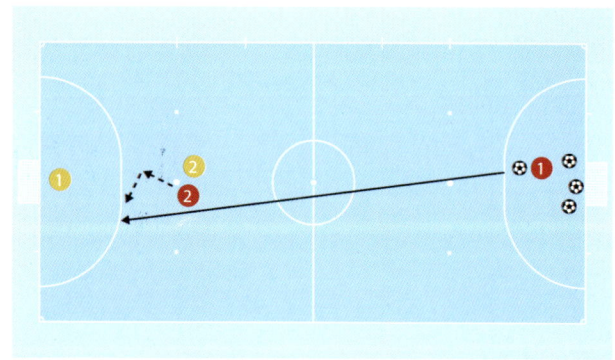

训练要点：
除了练习1的要点外，进攻球员必须把自己的移动时间与守门员的发球时间相统一。

7.1.2
防守技术动作

选位
当面对进攻的时候，守门员必须努力选择最佳的位置。

练习：选位

（1）从不同角度射门

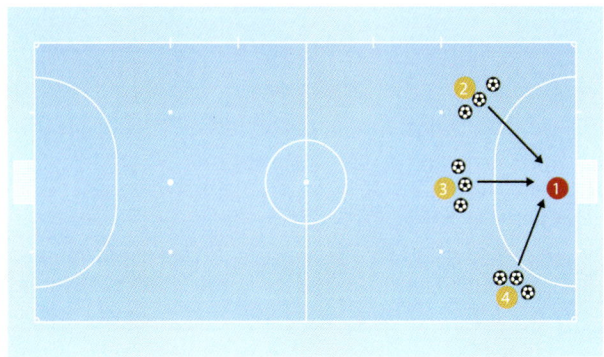

目的：

选择正确的位置阻挡从不同角度的射门。

步骤：

3名球员，每人持多个球在场内不同位置。进攻球员轮流射门，守门员为了阻挡下一个球必须不断修正自己的位置。

变化：

- 进攻球员编号，由教练员喊号射门，而不是按照数字排列次序射门。
- 可以安排1名防守球员，使守门员视线受其阻挡难于选好位置。

训练要点：

- 守门员的重心应该放在前脚掌上，以便更好地作出反应。
- 守门员的选位应该总是在球与球门中心点的假想线上。

（2）面对进攻人数优势时的选位

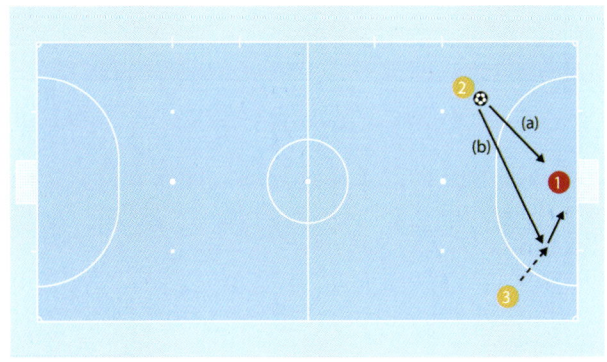

目的：

在比赛情景中的正确选位。

步骤：

2名进攻球员，每人各在场地一边。有球队员既可以射近门柱，也可以传球给在远门柱附近的同伴。

变化：

对射门进行时间限制。

训练要点：

- 守门员的选位既要确保近门柱，又要通过伸直一条腿来封堵传给另外一名进攻球员的传球线路。
- 守门员要尽量关闭给另一名进攻球员的传球线路。

移动

守门员必须尽可能迅速、敏捷地移动靠近球。

练习：移动

（1）触摸球门柱

目的：
练习横向移动。

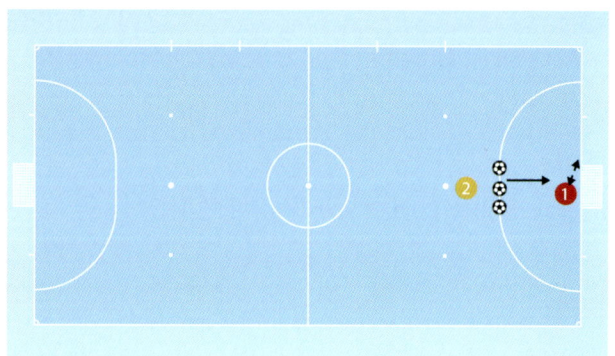

步骤：
进攻球员携带多个球位于罚球点。守门员移动触摸一侧门柱，进攻球员立即向另外一侧射门。该练习如此重复。

变化：
守门员也可以向前移动，然后再后退移动。

训练要点：
最重要的一点是守门员的身体重心应该放在前脚掌上，这样移动较快。当球员射门时候，守门员不应当再向后移动。

（2）横向传球

目的：
在比赛情景下练习守门员的移动。

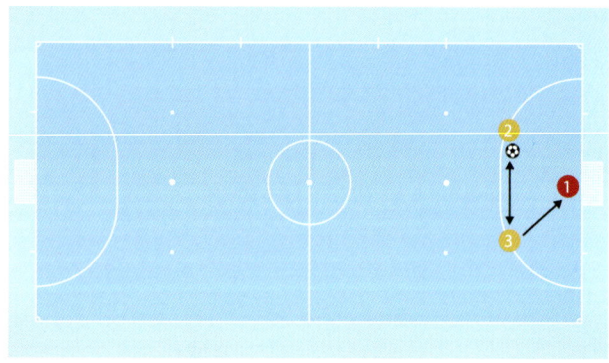

步骤：
2名进攻球员在禁区内站成一条直线与球门线平行。球员相互传球。连续传球后可以射门。守门员必须随球移动并且要观察传球轨迹，保持警惕准备阻挡射门。

变化：
规定一个最多的传球次数。

训练要点：
除了练习（1）的要点以外，守门员可以向前一小步缩小射门的角度。

手接球

这是训练守门员接球动作。

练习：手接球

（1）守门员背身

目的：
1名进攻球员携带多个球位于禁区边缘。守门员背身站立。当进攻球员喊出"开始"时，守门员转身，进攻球员起脚射门。

变化：
- 进攻球员可以用手抛球。
- 本练习可以有2名进攻球员，分别位于两侧。

训练要点：
保持手指紧张，呈弧度形状，不要伸直。

（2）从边路射门

目的：
在比赛情景下练习用手接球。

步骤：
两个边路各站1名进攻球员携带多个球。第三名进攻球员位于中路等待反弹出来的球。球员从边路轮流射门。任何反弹球，均由第三名球员接着射门。

变化：
可以安排1名防守球员阻挡射门和干扰守门员视线。

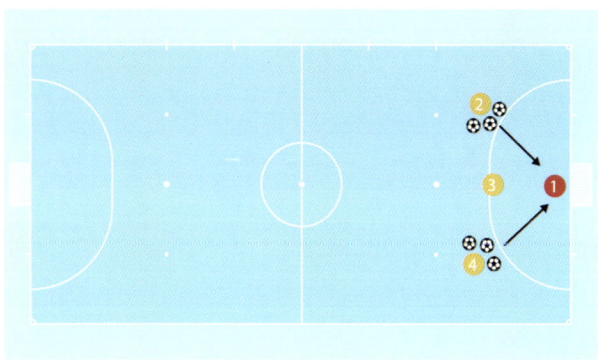

训练要点：
守门员接球后随时应该利用身体挡住球，以免球从手掌中滑落。

挡球

挡球是守门员有意将射门的来球挡出界外。

练习：挡球出界

（1）从不同角度挡球出界

目的：
练习从不同角度将球挡出界外。

步骤：
3名进攻球员从不同角度轮流射门。守门员必须将球挡出界外。第四名进攻球员在罚球区附近游动，伺机补射。

变化：
进攻球员射门的次序打乱，使守门员不能预判射门。

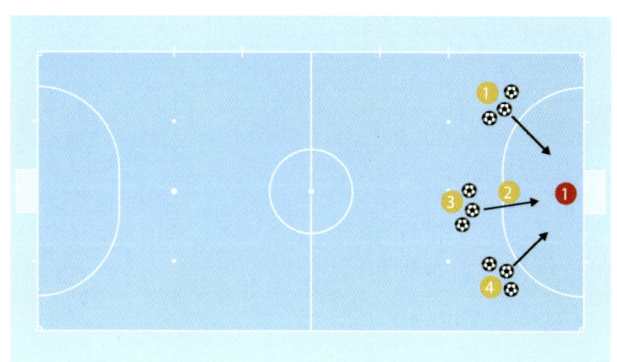

训练要点：
- 手伸直并用力。
- 不要被动，主动推球。
- 应该把球总是从边路挡出界，不要将球挡到中场。

（2）比赛情景

目的：
在比赛情景下挡球出界。

步骤：
2名进攻球员对1名防守球员，靠近球门后射门。第三名进攻球员在罚球区内等待，有反弹球机会后射门。

变化：
- 限制移动射门时间。
- 只能在罚球区外射门。

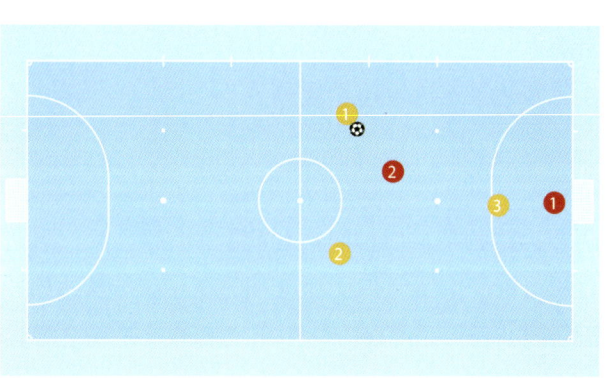

训练要点：
与练习（1）相同。

7.2 战术行动

7.2.1
出击

出击是守门员主动出击防守对方的进攻。

练习：出击

（1）1名进攻球员对守门员

目的：
守门员出击防守1名进攻球员。

步骤：
几名进攻球员每人一个球。进攻球员轮流带球进攻，只有守门员防守。

变化：
- 进攻球员必须运球突破守门员。
- 进攻球员不需要运球突破守门员射门。
- 由进攻球员自己选择如何进攻。

训练要点：
- 耐心。
- 看着对手的眼睛。
- 利用假动作迫使进攻球员作出仓促决定。

（2）应对反击时的出击

目的：
提高应对反击时的出击能力。

步骤：
1名（红色）进攻球员射门。然后守门员快速传球给黄队的2名球员中的1名开始反击。对方守门员出击防守，既可以拦截传球，也可以延缓反击等待红队回防。

变化：
限制反击的时间。

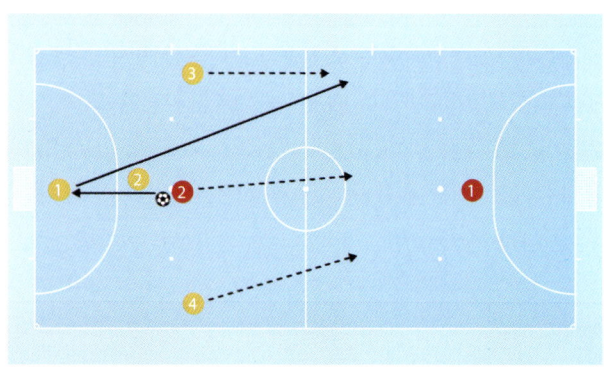

训练要点：
- 守门员先占据一个前面一点的位置。
- 保持机警、紧张的站位姿势，而不是直立放松的姿势。

7.2.2
防守角球

守门员必须占领最有效的位置来化解角球的危险。

练习：防守角球

（1）防守罚球区内的射门

目的：
练习防守罚球区内的射门。

步骤：
2名进攻球员，分别在不同的角球区轮流发角球。他们可以将球传给罚球区内的第三名进攻球员，也可以直接射门。守门员必须随时准备保持这两个进攻点。

变化：
- 最后才明确谁要发角球。
- 守门员练习开始时平躺在地上，当教练员指挥球员发角球时迅速起身。

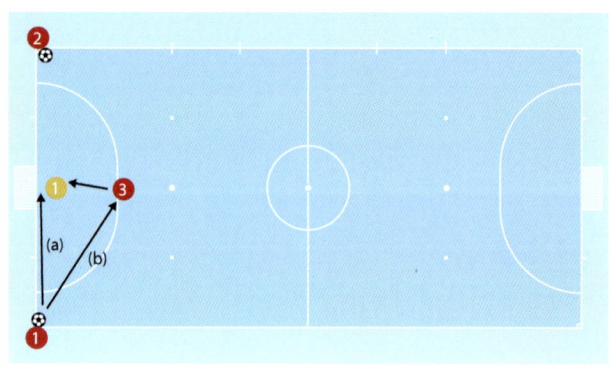

训练要点：
- 守门员是否靠近近门柱取决于防守球员的站位。
- 守门员应该降低重心确保能快速反应。

（2）防守罚球区内和罚球区外的射门

目的：
2个角球区各有1名进攻球员，每人携带一个球。2名进攻球员在罚球区内站位，设2名球员防守。另外一名进攻球员在罚球区外准备远射。由发角球的队员决定传球给谁，从而产生罚球区内射门或者是罚球区外远射。

变化：
- 如果球反弹回来，可以继续移动。
- 根据练习的主要目的，可以规定罚球区内射门或罚球区外射门不同的分数。

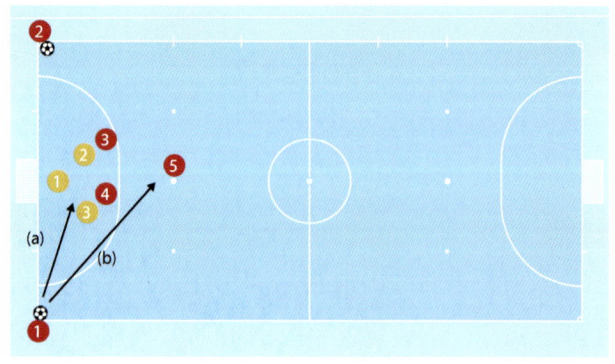

训练要点：
与练习（1）相同，如果守门员未能接住的球要大力解围。

7.2.3
防守任意球

这是在对手罚任意球时候守门员最有效的组织站位防守。

| 练习：防守任意球 |

（1）边路任意球

目的：
防守向罚球区内的传球和在罚球区外的射门。

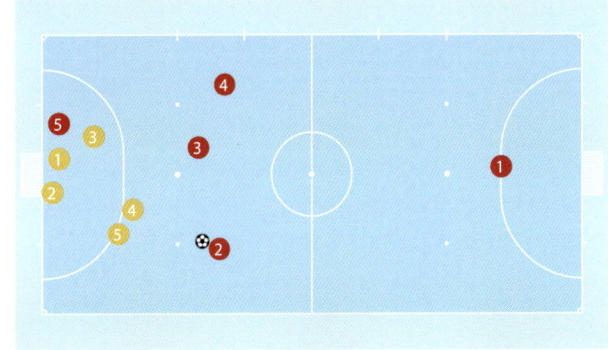

步骤：
2名进攻球员在罚球区外站位，一名进攻球员在远门柱附近站位，那里由守门员防守。当进攻球员换位时，守门员既要防守向远门柱附近球员的传球，又要阻挡从罚球区外面的射门。

训练要点：
- 守门员要不断指挥同伴。
- 守门员总是要防守远门柱，人墙防守近门柱。
- 守门员在射门时不要闭眼睛，也不要向后移动。

变化：
靠得最近的防守球员移动回来防守在远门柱的进攻球员，同时守门员可以出击一点缩小由罚球区外射门的角度。

（2）中路任意球

目的：
防守中路射门。

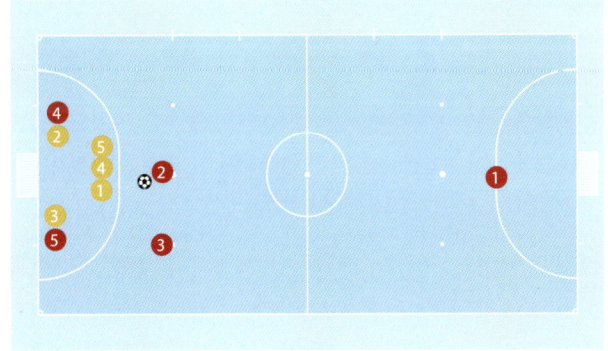

步骤：
守门员可以参与排人墙，防止直接射门和在球旁边其他球员的射门。其他进攻球员在门柱旁边被防守。守门员不要倒地，而是向前阻挡射门。

训练要点：
- 守门员安排球员防守球门柱，自己在人墙中保护球门的中部。
- 守门员应该上前阻挡球减小射门角度。
- 守门员出击要尽可能地快。

变化：
- 球旁边其他队员跑向球门柱附近阻挡，在球门柱附近的球员跑出来射门。
- 守门员在此情景下要充分利用眼睛余光观察。

7.3 体能准备

尽管有一些针对守门员特点的具体训练手段，但是守门员的体能准备大部分与其他队友相同。

力量训练
- 守门员脸向下俯身扑救球。
- 用手支撑躺下，守门员跳起来接地面传球。
- 守门员跪下，然后跳起来接高球。
- 守门员蹲下，然后跳起来接高球。

灵敏度训练
- 在球门两边各有1名球员。1名球员向一侧门柱射低球。当守门员在接地面球时，另一名球员向另外一侧门柱射高球。持续这个练习。
- 守门员躺在地上双腿靠着一个门柱，向边路观察。球向另外一侧门柱射去。练习持续，然后交换另侧门柱射门。

反应速度训练
- 当进攻球员开始射门时，守门员前面的防守队员不停移动。
- 一系列快速射门：8名球员在禁区周围站位。轮流射门，让守门员几乎没有反应时间。
- 守门员前面放置一块垫子。1名球员扔网球在垫子上让其变向。

8 年度计划
Annual planning

8.1 赛季计划

整体来说，制定赛季计划应该考虑以下几个方面：
- 所有训练的队员的类别（年龄）。
- 比赛的水平，这决定着要打多少场比赛和进行多少次训练。
- 队员的技术、战术和身体水平以及他们是否有动力。
- 可用的基本设备和装备。
- 可到位的执教团队：助理教练、体能教练、队医、按摩师等。
- 俱乐部的财政状况。

下面提供的是一支成年队在参加国家冠军赛的计划示例。

计划主要根据比赛来制定

一个室内五人制足球赛季可以分为4个主要阶段：
- 一个准备期；
- 一个赛季期；
- 两个间歇期。

8.1.1 准备期

- 最基础的时期。主要提高队员和整支球队的身体状态。
- 时间：6周。

这个期间又可以分为3个分期：
- 基本期；
- 专项期；
- 预赛期。

基本期

- 时间：2周。
- 训练课：10～12节训练课。每节课80～100分钟。
- 无比赛。

赛季计划						
周期						
准备期			第一联赛期	间歇期	第二联赛期	间歇期
基本期	专项期	预赛期	第一阶段	休息	第二阶段	休息

目的：

a）体能：
- 耐力；
- 柔韧；
- 力量。

b）技术：
基本技术。

c）战术：
- 防守选位；
- 基本战术系列。

d）心理：
组建和团结队伍。

e）比赛：
参加各种不同的比赛

专项期

- 时间：2周。
- 训练课：保持训练量（6~8次）
- 4~6场比赛
- 提高强度。

目的：

a）体能：
- 耐力；
- 力量；
- 速度；
- 柔韧。

b）技术：
大量的、有变化的、重复的练习（节奏）。

c）战术：
- 防守战术；
- 进攻战术；
- 定位球情况。

d）心理：
竞技的心态（通过训练和比赛来到达这个理念）。

e）比赛（4~6场）：
- 球队的布置；
- 调整。

准备期		
基本期 （2周）	专项期 （2周）	预赛期 （2周）
无比赛 训练量：+++ 强度：+	比赛（4~6场） 训练量：+++ 强度：++	比赛（4~6场） 训练量：+ 强度：+++

预赛期

- 时间：2周。
- 训练课：减量（4~6节）。
- 4~6场比赛。
- 增加强度。

目的：

a）体能：
- 耐力；
- 速度；
- 柔韧。

b）技战术：
- 提高；
- 策略。

c）心理：
竞技的心态（通过训练和比赛来到达这个理念）。

d）比赛
与联赛开始后的赛程保持一致。

8.1.2
联赛期

- 队员应该保持最佳的表现能力，并尽可能保持这种能力。
- 在这个阶段建立情绪和竞争的压力。
- 用中等强度周替代高强度周，有利于恢复。
- 这一时期的持续时间取决于竞赛日程。

目的：

a）体能：
保证大运动量训练的需要。

b）技术/战术：
提高比赛的各个方面。

8.1.3
间歇期

- 这是队员表现水平下降的时期。间歇期让队员的体能、心理从此赛期恢复过来。
- 这个时期同样也让那些长期伤病的队员身体状况得到康复，还有那些在赛季结束后体能及身体状态下降的队员得到休整及提高。
- 用2~3周的时间进行绝对休息会很明显降低运动表现。因此建议应该为队员制定一份循序渐进的计划，帮助队员保护身体状态。
- 这个时期的时间长度主要根据各国的不同要求情况，以及比赛的水平和形式来定。

8.2 周计划

赛季期的周计划构想和制定必须考虑以下几方面：
- 要进行的比赛；
- 上一场的比赛（如果有）；
- 赛季期已度过了多少时间；
- 队员的身体状态；
- 应避免身体和思想疲劳；
- 进行多少堂训练课。

换句话说，创建身体计划的主要特点就是要紧密地和技战术目标相协调，同时要保护好队员的动力（心理的）。

赛季计划						
准备期（6周）			第1联赛期（第一阶段）	间歇期	第2联赛期（第二阶段）	间歇期
基本期（2周）	专项期（2周）	预赛期（2周）				
训练量：10～12次训练（80～100分钟）	训练量：6～8次训练（80～100分钟）增加强度	训练量：4～6次训练（60～80分钟）节奏和强度	中等强度和大强度训练交替轮换	如果遇到延长了的间歇期（超过4周）：10～12天休息后直接以专项期开始	相同于第一联赛期同时：a）改变弱点 b）加强优势特点	维持
体能 耐力：+++ 力量：++ 柔韧：+++ 速度：+	体能 耐力：+++ 力量：++ 速度：++	体能 耐力：+ 力量：+ 速度：+++	体能维持标准			
技战术：复习基本技术和配合	技战术：大量的、有变化的重复练习	技战术：策略的提高	技战术：提高比赛有关的所有需要	如果遇到短的间歇期：直接以预赛期开始继续训练		
比赛	比赛（4～6场）	比赛（4～6场）	比赛			

室内五人制足球专业术语（中英文对照）

Active defence/主动防守
- 对控球人的紧逼防守，使对手犯错误。

Backlift/向后摆腿
- 在传球或者射门前的一种腿部向后的摆动。

Breakaway run/折线跑
- 一种无球跑动，为队友创造空间。

Central vision/中心视野
- 视野定焦的部分。其鲜明而且清晰。

Closed defence/紧缩防守
- 一种严密的防守，通常在场地的第三区域。

Controlling the ball/控制球
- 为了战略目的的控制球（使对手被动跑动，让防守不稳定，拖延时间等）。

Control of the game/控制比赛
- 对比赛节奏、速度以及影响比赛的所有因素、时机的控制。

Cover/保护
- 与队友形成交错站位，防备队友被对方突破。

Defensive lines/防线
- 由每位防守队员形成的假想的防守线。如果2名防守球员水平站位，他们占据同一防线。第一条防线由最前面的防守球员形成，依此类推，一直到最后一名防守球员—守门员。

Far post/远门柱*
- 离球最远的门柱。

Feint/假动作、摆脱
- 一种欺骗性的移动，球员佯装向一边移动，然后突然变向。

Foot-eye coordination/脚-眼协调
- 例如，当视觉信息收集到队友跑到空当的速度、距离和方向的同时，就能协调好传球的方向和力量。

Formation diagram/阵型图解
- 就是选择阵型的初始站位的图示。

Hold up/延缓
- 延缓进攻的行动。

Instinctive technical manoeuvre/本能技术行动
- 一种行动或者身体反应，不需要大脑思考，不由自主地自动产生。

Lateral channels/边路通道
- 靠近两个边线的场地区域。

Near post/近门柱
- 离球最近的门柱。

Numerical advantage/人数优势
- 在某个移动中或者某个时段中，比对手有更多的球员。

---

* 编译者注：Far Post远门柱，也有称其为二门柱。

Passer/传球手
- 某个球员特别擅长传球。

Passing accuracy/精确传球
- 成功地完成传球。

Passing channel/传球线路
- 在比赛中存在的传球选择，不论是否被利用。

Passive defence/被动防守
- 一种不针对有球队员的防守，等待对手自行犯错误。

Peripheral vision/外部视野
- 视线以外的部分。通常视觉不清晰，有时是靠直觉感知。

Pitch/场地
- 比赛的地方。从球门到1/3场地的距离为14米。场地的一半距离由中线划分。从球门到3/4场地的距离大约30米。

Positional advantage/站位优势
- 在某个移动后或者在某个区域，较对手有更好的站位或者组织。

Positional or built–up attack/阵地进攻
- 当面对严密防守时候的一种进攻组织。

Positioning the body/站位姿势
- 用最理想的身体姿势来达到目的（护球、传球、射门等）。

Quick attack/快速进攻
- 直接由守门员发球开始或者由成功抢断开始的进攻。通常会引起防守混乱。

Reading the game/阅读比赛
- 对场上战术行动的理解（站位以及对手及队友的移动），以便作出正确的决策。

Retreat/回撤
- 丢球后回到自己球队的半场。

Shadow/尾随
- 防守进攻球员，不贸然阻碍，好像在做护卫。

Shot frequency/射门频率
- 在一个具体时间段内的射门次数。

Slanting/侧翼的移动
- 远端侧翼球员的一种移动，向有球的一端靠近，使球队阵型保持平衡。既可以用来进攻，也可以用来防守。

Speed of execution/完成速度
- 向后移动的速度或者身体任何部位完成一个技术动作的速度。

Support run/接应跑
- 一种无球跑动，给有球队员提供接应。

Switch/换位
- 2名球员相互交换位置。

Synchronised movements/同时移动
- 2名或者2名以上队员同时移动，以达到共同的目的。

Toe poke/脚尖踢球
- 用脚趾踢球。

Trapping/rolling the ball/脚底停球/拉球
- 用脚底控制球或者移动球。

Visual field/视野范围
- 为我们能够看见的范围。根据身体位置和方向看见的范围，包括中心视野和外部视野。

Winning the ball/截球成功
- 从对手那里重新获得控球权。

国际足联室内五人制足球教练员手册

Futsal
Coaching manual

责任编辑：孙静敏
技术编辑：筱 兰

ISBN 978-7-5009-4496-6

定价：28.00元